PONTO ÁGAPE

Gabriel Carneiro Costa

O PONTO ÁGAPE

αγαπη

Um ponto que transforma a vida

Integrare
EDITORA

Copyright @ 2015 Gabriel Carneiro Costa
Copyright @ 2015 Integrare Editora e Livraria Ltda.

Publisher
Luciana M. Tiba

Editor
André Luiz M. Tiba

Coordenação e produção editorial
ERJ Composição Editorial

Projeto gráfico e diagramação
ERJ Composição Editorial

Capa
QPIX

Ilustração
Tiago Fiamenghi

Revisão
Renata Truyts

Dados Internacionais de Catalogação na Publicação (CIP)
(Câmara Brasileira do Livro, SP, Brasil)

Costa, Gabriel Carneiro

Ponto Ágape : um ponto que trasforma a vida / Gabriel Carneiro Costa. -- São Paulo : Integrare Editora, 2015.

ISBN 978-85-8211-072-0

1. Amor 2. Amor - Aspectos psicológicos 3. Espiritualidade - Aspectos psicológicos 4. Fé - Aspectos psicológicos 5. Relações interpessoais I. Título.

15-09671   CDD-158.2

Índices para catálogo sistemático:

1. Amor : Relações interpessoais : Psicologia aplicada   58.2

Todos os direitos reservados à INTEGRARE EDITORA E LIVRARIA LTDA.
Rua Tabapuã, 1123 – conj.71
CEP 04533-014 – São Paulo – SP – Brasil
Tel. (55) (11) 3562-8590
Visite nosso site: www.integrareeditora.com.br

Dedicatória

Dedico este livro ao meu filho, Eduardo. Meu amor maior e luz que ilumina os pontos ágapes da minha vida.

Sumário

Prefácio ... 9

Introdução ... 11

Espaços vazios ... 13

1. As ondas frias de Ipanema ... 15
2. O último tango em Buenos Aires ... 45
3. Alguma coisa acontece em Cabo da Roca ... 67
4. Desequilibrando Wall Street ... 109
5. Às próprias margens ... 133
6. Três segundos para Machu Picchu ... 153
7. O ágape final ... 171
8. Acima de mim ... 185

Conclusão – A onda ágape ... 201

Prefácio

Certa vez, li em algum lugar o título de um filme brasileiro que nunca mais esqueci: *Viajo porque preciso, volto porque te amo*. Parece que entre a necessidade e a vontade, entre a obrigação e a liberdade, há uma distância que se torna mais curta e plena de sentido quando se é capaz de amar. Para essa capacidade o verbo está desgastado; o substantivo mais abstrato que concreto; o adjetivo em falta. Por isso esse livro vem em boa hora – para nos fazer pensar naquilo que efetivamente nos torna humanos: a capacidade de amar. Mas, para alcançar êxito, o livro sozinho pouco pode fazer. Ele precisa de leitor disposto a se incomodar, a rir, a chorar, a refletir, a questionar, a perdoar, a tomar coragem, a recomeçar ...

Você é capaz de tal proeza? Está preparado para participar do desígnio do amor?

Ponto Ágape apresenta um escritor – Gabriel Carneiro Costa – maduro, reflexivo e assertivo em suas provocações acerca de um tema ao mesmo tempo tão universal e pessoal. Ponto Ágape é uma obra de amor sobre o amor. Representa o valioso encontro da espera, da presença e da esperança; encontro consigo mesmo, com o outro e com o transcendente.

Em parte, o autor segue o itinerário de seus livros anteriores; relatos de experiência em atendimentos individuais e, assim como na obra *À Sombra da Cerejeira*, personagens ficcionais envolvidos em atraentes narrativas nas quais podemos projetar ou encontrar um pouco de nós mesmos.

Ao escolher o amor ágape como ponto de transformação, Gabriel assume uma intencionalidade nova: mergulhar no oceano da espiritualidade, pois tal amor transcende o aqui e o agora, leva à autotranscendência; é como seiva que alimenta a árvore da vida humana. O amor sobre o qual

Gabriel fala não é idealizado; é frágil, imperfeito, vivido por seres mortais e limitados. Ao fazer uso da capacidade de amar e ser amado, amante e amado transgridem a finitude. O amor eleva aquele que ama (que se torna capaz de superar a própria mesquinhez), torna eleito o amado (o escolhido, o único) e permanece como sagrado para ambos ao transformar o ordinário em extraordinário.

As histórias narradas recordam, de certo modo, a máxima de Cora Coralina quando diz que o saber se aprende com os mestres e os livros; a sabedoria se aprende com o corriqueiro da vida. Nessas cenas do cotidiano, junto aos dramas humanos, Gabriel coloca sempre um companheiro de jornada. Um "outro" capaz de fazer as perguntas necessárias quando acreditamos já possuir todas as respostas.

De certo modo, por conhecer o autor há muitos anos, como amigo e tendo participado de inúmeros cursos e palestras, bem como ter lido seus livros anteriores, posso afirmar que Gabriel se permitiu experimentar novos encontros que o transformaram. Ele encontrou seu ponto ágape certamente mais de uma vez e com distintos significados. Continua a se transformar a cada novo trabalho, a cada novo livro. É essa experiência da permanente busca e reinvenção que ele deseja compartilhar com o leitor.

Se "a linguagem do amor por vezes precisa de legenda", Gabriel se propõe a ser um tradutor, uma facilitador que nos ajuda a superar conflitos, a perdoar, a se permitir e a escolher com liberdade a trajetória a seguir. A escolha e o itinerário continuam sendo de cada um.

A obra que você tem em mãos ensina que o vazio é um espaço por vezes necessário. Indica que entre duas histórias, ou dois extremos, pode haver um mesmo oceano. Ao instigar a travessia, desafia os navegantes a desbravar esse oceano misterioso que é a própria existência. Contudo, um alerta! *"Para partir, é necessário correr o risco de não poder voltar"*.

Alexander Goulart
Jornalista
Doutor em Comunicação

Introdução

Diferentemente dos meus outros dois livros, neste optei por escrever com base em somente um tema: o amor.

O amor não é algo que possamos definir. Como você explicaria o amor? Como você mede o amor? Como você sente o amor?

Não tenho a menor pretensão de buscar estas respostas. Você simplesmente vive e sabe que este sentimento lhe faz bem. Porém viemos de gerações em que o tema amor foi pouco aprofundado, pouco permitido e muito fragilizado. O modelo mental clássico masculino oprime esse tipo de sentimento, como uma certa convicção de fraqueza ao senti-lo. O modelo mental clássico feminino o idealizou e transformou este sentimento em algo exclusivamente poético e inatingível.

Não pretendo escrever com foco no amor conjugal, familiar, profissional. Nem falar do amor proibido, do amor determinado ou do amor filosofado. Pretendo, sim, falar apenas de amor, em todas relações, em todos os sentidos.

Ágape é um antigo termo grego para definir o amor maior. É um amor sem pré-condição e que escolhe praticar voluntariamente.

Independentemente de religião – aliás, este livro não pretende refletir sobre religiões – o ponto ágape é algo relacionado com espiritualidade e fé.

Todo livro leva um pouco do seu escritor e, neste, eu tenho a intenção de compartilhar aquilo que resolvi chamar de ponto ágape. O momento em que entendemos o real significado do amor e passamos a praticá-lo na maioria das nossas relações. Não se trata de um ponto como episódio, mas, sim, de um ponto como processo, algum evento, ou sucessão de eventos, que nos levem a um outro ponto de vista da própria vida, da nossa importância e dos impactos das nossas atitudes.

Particularmente, não acredito no amor divino, que não erra e que seja incondicional em todas suas relações. Na prática, para mim até hoje este amor não foi possível. Contudo há quem defina como ágape o amor possível inspirado neste desejo profundo por um sentimento maior. E é aí que eu me encaixo e me inspiro para trazer este tema ao livro.

Ao longo dos próximos capítulos vou compartilhar histórias. Não foram necessariamente vividas por mim, mas também não são fictícias. São todas histórias inspiradas em situações da minha jornada, seja da minha própria vida ou compartilhada da vida de clientes, e são todas histórias possíveis.

Em cada uma delas, em algum determinado ponto o personagem central entra no ponto ágape. É a vida se transformando de dentro para fora.

Ao final de cada capítulo, separo um espaço denominado observação comentada e meu interesse é poder extrair um valor e uma reflexão ainda maior sobre as histórias descritas.

Desejo sinceramente que ao final deste livro você possa ter ampliado o seu ponto ágape.

Espaços vazios

Nada é mais urgente do que a necessidade de parar. Os espaços vazios se tornaram luxo em nossas vidas aceleradas. Temos a percepção da escassez do tempo, quando, na verdade, o tempo não mudou. O que mudou é a forma como vivemos diante do tempo. Como já dizia Shakespeare, o bom e o ruim são produzidos apenas pelos pensamentos.

Nesses últimos anos, tenho aprendido a dar pausas na minha vida. Tenho aprendido a desenvolver o olhar apreciativo. E a única forma de apreciar o mundo a nossa volta é estarmos conectados com o aqui e o agora. Nada mais. Viver o que estamos vivendo. Observar o que estamos observando. Explorar os momentos de silêncio, de vazio, de nada.

Por isso, neste livro, me preocupei em deixar espaços abertos na mente do leitor. Você encontrará páginas para sua reflexão que estarão estrategicamente localizadas. Não se preocupe em folheá-las rápido. Se assim o fizer, perderão seu propósito. Exercite sua mente a estar atento ao que lhe ocorre enquanto lê este livro. Escute seus pensamentos. Sinta seus sentimentos.

É o intervalo (e a sucessão deles) que dá ritmo à música. É o ponto final que dá charme a um texto reflexivo. É o silêncio que embeleza uma paisagem. É o momento de isolamento que amplia o autoconhecimento.

A intenção dos espaços vazios neste livro é fazer o leitor respirar e deixar entrar as reflexões que fizerem sentido.

Pare. Pense. Sinta. Viva.

Capítulo 1

As ondas frias de Ipanema

De repente o barulho. Forte. Intenso.

Na sequência, o silêncio.

Raquel estava ali, de cabeça para baixo, presa pelo cinto de segurança. Sua mente estava pouco lúcida, mas o suficiente para perceber a agitação que acontecia à sua volta. Ela conseguia enxergar por entre o para-brisa totalmente estraçalhado do seu carro as pernas de algumas pessoas correndo em sua direção. Viu um senhor se agachar e lhe perguntar se ela estava bem.

Escuridão. Ausência.

Dezesseis dias depois ela volta a abrir os olhos. Entre imagens nebulosas ela se reconhece na cama de um hospital.

Esforça-se para ampliar a visão e percebe-se sozinha, acompanhada apenas do som dos aparelhos que estavam conectados ao seu corpo e um leve assoviar de um passarinho em sua janela, que deixava alguns raios de sol daquela manhã entrar e iluminar o quarto triste em que estava. Tentou se mexer. Em vão. Seus músculos não obedeciam a seus comandos. Percebia que conseguia mover apenas seus olhos e os dedos das mãos. Tentou então falar. Conseguiu. Alívio.

O som que saia de sua boca era baixo, de difícil compreensão por ela mesma, mas estavam ali presentes naquele momento de esforço e conexão.

Por poucos segundos de lucidez, voltou a se sentir sonolenta. Ela sabia que voltaria a apagar. Não queria. Resistiu. Tentou desesperadamente se mover. A fraqueza venceu e Raquel voltou a dormir.

Raquel sofrera um grave acidente de carro enquanto ia para o seu trabalho. Ela vivia com pressa e naquela manhã seu corpo lhe sinalizou a necessidade de dormir mais, porém sua agenda não lhe permitia.

Ela morava sozinha, em um modesto apartamento em um bairro agitado de sua cidade. Tinha trinta e dois anos e ocupava um excelente cargo comercial em uma reconhecida empresa. Naquela manhã, foi justamente sua agenda que lhe provocou um compromisso inesperado. Ela saiu de casa atrasada, e no carro resolveu já ir antecipando alguns e-mails e recados que seriam importantes ao longo do dia. Acreditava que o trânsito estava mesmo parado e que todo minuto deveria ser aproveitado com algo produtivo.

Era uma manhã fria e chuvosa. Dentro do carro apenas o som da música aleatória que tocava no rádio: *Pra você guardei o amor*, de Nando Reis. Mas as músicas eram meras acompanhantes de sua rotina. Sua mente estava voltada para um e-mail crítico que acabara de receber do seu chefe.

Neste e-mail ele relatava que ela estava tendo ótimos desempenhos nas metas da empresa, mas que havia grandes dificuldades de relacionamento com os colegas e eles precisavam conversar.

Quando ela terminou de ler o e-mail seus olhos foram para longe. Ficou acompanhando o movimento do limpador de vidro e refletindo quem poderia ter se queixado para ele sobre o seu jeito.

Como uma espécie de modelo automático, Raquel sentiu sua irritação e uma vontade imensa de poder dizer tudo o que pensava.

– Se ele quer falar disto, então vai ter que ouvir outras coisas também!

Chegou a falar sozinha no carro.

Sua raiva estava tão crescente que não percebeu os demais carros se movendo. Não escutou a sirene do carro de bombeiros que se aproximava em alta velocidade. E então, de repente, o barulho. Forte. Intenso.

Já naquela manhã ensolarada, o médico que acompanhava seu caso entrou no quarto assim que ela voltou a dormir. Ele nem pode perceber que ela havia, por instantes, acordado.

Dr. Paulo era um senhor muito respeitado por reversões quase milagrosas que havia ajudado a realizar ao longo de sua jornada como médico. Ele entrou na sala e ficou por instantes apenas observando Raquel. Sua respiração era curta. Seu corpo imóvel.

Ele tinha por hábito a prática do olhar apreciativo e de muita conexão com o que tempo presente. Ao olhar profundamente para Raquel ele se questionava o que havia, de fato, ocorrido. Quem era ela? Porque estava precisando passar por aquilo? Quando iria acordar? E principalmente: haveria motivos para ela acordar?

Durante essas mais de duas semanas, Dr. Paulo observou que pouquíssimas pessoas vieram visitar Raquel. Uma menina bonita, frágil e solitária. Sabia que ela estava entregue à sua competência e, no meio de tantos outros médicos, o fato de ela estar justamente com ele não poderia ser uma mera coincidência.

Ao contrário de Raquel, Paulo era um senhor cercado de muitas pessoas. Era uma figura querida por todo o hospital. Todos os dias chegava para trabalhar cumprimentando à todos, e sempre encontrava tempo de se conectar com as histórias e os dilemas das pessoas.

Certa vez, quando lhe perguntaram qual o segredo do seu alto índice de cura ele respondeu:

– O amor. Nada é maior do que este sentimento, e ele cura todas as relações.

Isso fazia do Dr. Paulo um médico fora dos padrões. O que lhe rendia fortes críticas em todos os meios tradicionais da medicina. Mas ele não se importava. Seguia acreditando que o amor era a base para o seu trabalho.

Voltou a olhar para Raquel.

Observou que um passarinho se agitava na janela enquanto o sol entrava cada vez mais forte pelas frestas.

Examinou os aparelhos. Fez anotações em suas fichas. Observou o silêncio de um corpo sem consciência. Puxou a cadeira e sentou ao lado dela.

– Raquel, eu sei os motivos tangíveis que a trouxeram aqui. Você se acidentou de carro e teve um traumatismo grave. Mas eu não sei os motivos intangíveis que a trouxeram aqui. Me ajude a encontrar.

O corpo dela teve um pequeno impulso. Houve uma leve alteração nos seus monitores cardíacos. O passarinho voltou a assoviar.

Dr. Paulo sorriu levemente. Ele sabia que alguma parte dela podia escutá-lo. E, assim, seguiu sua conversa:

– Eu também sei os motivos tangíveis que não a estimulam a acordar. Nestas duas semanas você só recebeu três visitas. Mas eu não sei os motivos intangíveis destas poucas visitas. Me ajude a entender.

Ele se permitiu um leve toque nas mãos de Raquel.

Raquel demonstrou um pequeno sorriso. Discreto. Significativo.

De repente o passarinho não estava mais ali. Dr. Paulo sorriu e se levantou. Algo ali havia se modificado e nem ele sabia ainda o que era.

Raquel havia passado os últimos anos de sua vida totalmente voltada para o trabalho. Filha de um casal de operários, ela dividiu sua infância com mais dois irmãos, e todos começaram a trabalhar cedo para ajudar no sustento da família. Sua referência de educação sempre foi na busca por um crescimento baseado no sacrifício. Ela aprendeu desde cedo que suor valia mais do que a conquista. Que os espinhos valiam mais que as flores e que não haveria mérito sem dor.

E assim foi. Sua vida tornou-se pautada por trabalhar. Desde muito cedo teve poucas amigas e a grande maioria das suas relações estava ligada às suas épocas de estudo e antigos empregos.

Conquistou cedo sua casa. Mas nunca se dispôs a transformá-la em um lar. Decidiu morar sozinha. Não acreditava em relacionamentos amorosos. Sempre achou que estes temas eram poéticos, mas não reais. Por inúmeras vezes chorou sozinha ao assistir a um filme romântico, mas nunca se permitiu viver esta emoção de forma real. Entendia que na sua vida não havia espaço para filhos. Ela trabalhava até tarde e isto não permitiria desenvolver as atividades maternais. Nos finais de semana, suas atividades se resumiam a alguns esportes, algumas leituras e alguns momentos em que a internet e as redes sociais eram suas melhores companhias. Observava um grande grupo de pessoas se mostrando felizes, mas no fundo acreditava que estavam todos fingindo e que eram irresponsáveis com suas carreiras. "Primeiro o dever, depois o lazer", frase dita muitas e muitas vezes pelo seu pai. E como o dever ainda não havia acabado, ainda não era momento de pensar no lazer. Vivia uma vida alimentando a ideia de que estava se preparando para ter uma velhice segura e que, quando esse dia chegasse, ela iria poder aproveitar melhor.

Certa vez acordou um pouco assustada pela surpresa de sua campainha ter tocado logo cedo. Arrumou rapidamente os cabelos e abriu a porta. Era o porteiro do prédio que viera lhe entregar flores.

– Seu dia de sorte, dona Raquel. A senhora merece.

Ela agradeceu, pegou aquele lindo buquê e fechou a porta.

Foi até a sala e sentou-se. Ficou analisando a beleza daquelas flores e pôs-se a imaginar quem poderia ter-lhe enviado. Ela sabia que nos últimos tempos não tinha criado nenhuma relação visivelmente afetiva a ponto de receber aquela surpresa. Mas algo dentro de si vibrava. Era um gesto de carinho inesperado que causava uma estranha emoção de valor. Olhou em volta e viu um pequeno bilhete. Seu coração acelerou e ela abriu. Dentro dele estava escrito:

"Querida Rosângela. A noite de ontem foi maravilhosa. Com amor, JP."

Ficou confusa. Quem era Rosângela? Quem era JP? Seria aquilo algum jogo romântico misterioso?

Ligou para o porteiro e perguntou:

– Senhor João, quem lhe entregou estas flores?

– Agora há pouco, um rapaz deixou aqui, dona Raquel.

– Que estranho... O senhor conhece alguma Rosângela?
– Hum... Aqui no prédio tem a dona Rosângela do 809.
– Então não seriam dela estas flores?
– Olha, dona Raquel, o rapaz apenas me entregou, mas no bilhete está escrito 608, o seu apartamento.
– Ok, senhor João, obrigado.

Voltou para a sala e olhou novamente o bilhete. Observou então que ele havia sido grampeado de cabeça para baixo. E ao colocar na posição correta viu que o 608, uma vez invertido, ficava 809.

Dor.

Aquelas flores não eram suas. Aquela noite maravilhosa não havia sido vivida por ela. Aquele lapso de amor não era real para ela.

Na mistura de raiva e frustração preferiu jogar aquelas flores no lixo e não entregar à sua vizinha.

Decidiu se arrumar e ir trabalhar.

– Esqueça. Isto não vai mudar o seu dia.

Disse ela em voz alta. Vestiu-se com a pressa cotidiana e foi mais cedo para o trabalho. Era um dia chuvoso e no meio daquele transito caótico uma música lhe fez voltar a pensar naquelas flores. Porém o som de um novo e-mail recebido no seu celular lhe colocou de volta a pensar na sua rotina e nas suas obrigações de trabalho. E então, de repente, o barulho. Forte. Intenso.

Passaram algumas horas e seus olhos voltaram a abrir. Agora ela também escutava vozes. Duas enfermeiras davam-lhe banho e se surpreenderam ao ver que Raquel havia acordado. Chamaram rápido pelo Dr. Paulo que em poucos minutos entrou vibrante no quarto. "Será que ela escutou o que eu disse e por isso acordou"? Pensava de forma onipotente, mas ao mesmo tempo carinhoso.

– Olá, Raquel, muito prazer, sou o Dr. Paulo. Você está no hospital.

Silêncio. Apenas um olhar fixo dela para ele.

– Você me ouve?

E com muito esforço ela conseguiu responder em baixo tom:

– Sim.

– Que bom, Raquel. Seja bem-vinda. Você praticamente renasceu.

Ela então ficou confusa e aflita. Percebeu que não conseguia mover seu corpo. Sua fala era lenta e de difícil entendimento:

– Eu não consigo me mover.

– Calma, Raquel. Você está aqui há dezesseis dias e você passou por um procedimento muito invasivo. Mas se tudo der certo você vai voltar a ter total controle.

– Se tudo der certo?

– Sim. Precisaremos percorrer uma jornada, mas estou aqui para lhe ajudar.

– O que aconteceu comigo?

– Fisicamente posso lhe dar muitas explicações. Mas nesta jornada iremos descobrir o que realmente lhe aconteceu.

Aquela conversa era abstrata demais para o seu modelo. Ela buscava respostas óbvias. Queria saber o que lhe levou para o hospital. Quais seriam os próximos procedimentos? Quando estava previsto sair de lá? Quanto custaria aquilo tudo? Mas a pergunta mais importante ela ainda nem sequer se permitia fazer: Para que estou aqui?

Os dias foram passando e Raquel foi recuperando sua consciência. Sua fala melhorou. As sessões de fisioterapia a fizeram voltar a respirar sem ajuda de equipamentos, alimentar-se de forma convencional e a mover, ainda que lentamente, todo o seu corpo.

Naquele dia, ela estava saindo da unidade intensiva e indo para um quarto somente seu. Era a demonstração de sua melhora.

Ao chegar a esse novo espaço, recebeu o recado de uma das enfermeiras de que mais tarde Dr. Paulo viria lhe visitar não como médico.

Se não fosse como médico, seria como o quê? Raquel não se permitia ser ajudada, ser cuidada, ser protegida. Ficou pensando que a vida havia lhe ensinado a se virar sozinha e que toda aquela situação lhe forçava a depender dos outros, o que não era confortável.

– Boa tarde, Raquel!!!

Disse Dr. Paulo em tom alto ao entrar no quarto. Trazia em suas mãos um buque de flores. Desta vez ela tinha certeza de que seriam para ela.

– Trouxe-lhe flores, minha menina. Vamos decorar este quarto, pois será a sua casa por mais algumas semanas até sair andando por aquela porta.

Raquel sorriu. Achou gentil e falou de forma irônica:

– E quem lhe disse que gosto de flores?

– Um certo passarinho me contou em uma manhã ensolarada. Mas acho que você não vai lembrar.

– Aquele lá da UTI?

– Você lembra?

– Sim, Paulo, eu não morri nem fiquei com amnésia.

Paulo então caiu na risada. Ela gostava do tom irônico, debochado e quase rebelde com que Raquel lhe respondia aos seus estímulos.

Em todos os seus anos, ele acreditava que o amor se manifestava em diversas formas e por meio de diversas linguagens. Ele não acreditava que alguma pessoa não fosse amorosa, e, sim, que apenas não sabia expressar de uma forma fácil e, justamente por isso, não vivia o amor.

Dr. Paulo sempre acreditou que o amor é um sentimento básico e ao mesmo tempo um sentimento ensinado. Ele havia sido criado em uma família muito afetiva, casou-se com uma esposa extremamente amorosa. Infelizmente, ficou viúvo devido a um acidente de carro, mas mesmo assim nunca se cansou da disposição por relacionamentos amorosos. Criou dois filhos com muito carinho e escolheu ser, acima de qualquer profissão, um disseminador do amor.

No caso específico de Raquel, Paulo sabia que aquele acidente era uma parada brusca na sua rotina para uma profunda reflexão. Não sabia o motivo real para acreditar nisto. Apenas acreditava.

– E aí, Paulo? Me disseram que hoje o senhor viria me visitar mas não como médico. É isto mesmo que está ocorrendo aqui?

– Claro. Por isso vim com flores. Assim, talvez ficasse mais fácil de você me receber.

– Por isso está com esta roupa que lembra meu avô?

– Seu avô devia ser um cara muito legal. Queria tê-lo conhecido.

– Ok, Paulo... Qual é sua real intenção hoje?

– Visitá-la e alegrá-la não podem ser um motivo real?

– Pode. Mas acredito que tenha algo mais nesta visita.

– Acredite, Raquel. Isto é tudo.

– Somente isto?

– Não é somente... vou repetir, isto é tudo. Querer lhe alegrar. Querer lhe mostrar que você tem valor, que eu gosto de você. Isto é tudo.

– Então estou mal mesmo. O senhor viu quantas pessoas vieram me visitar até hoje?

– Vi, sim. Quer que eu sinta pena de você?

– Claro que não. É apenas um fato. E isto é tudo.

– É o seu tudo, Raquel. Não o meu. Aliás, o meu é muito mais abundante, o que torna o contrário desta sua lógica de escassez.

Raquel parou. Olhou pela janela. Silêncio.

– Para que você veio aqui, Raquel?

– Meu pai já morreu, Paulo. Não preciso de mais ninguém me ensinando a viver.

O clima no quarto pesou. Silenciosamente, Dr. Paulo se retirou. A porta fechou e Raquel teve que lidar com a energia vazia que ficou naqueles poucos metros quadrados.

Sentou e chorou. Chorou como há muitos anos não chorava.

Em um certo dia, enquanto Raquel tomava banho e se preparava para ir trabalhar deixou entrar espuma nos seus olhos. Ardeu de forma intensa e ela lembrou daqueles xampus infantis que não causam essa irritação. Sua memória olfativa lhe fizeram lembrar dos cheiros típicos de criança. Lembrou do seu irmão nove anos mais novo.

Enquanto terminava o banho, lembrava da quantidade de carícias que ela aprendeu com aquela criança. Seu irmão lhe dava beijo sem pedir. Abraçava-a de surpresa. Olhava-a com muito afeto. Ela ficou pensando porque as crianças perdiam isso ao longo da vida. Qual teria sido a última vez em que ela havia dado um forte abraço em seu irmão? Anos.

Vestiu-se lembrando desses momentos. Sentiu saudade. Deu vontade de ligar para o irmão. Mas como ele morava em outro país o fuso horário talvez tornasse aquela ligação algo não muito confortável. Desistiu.

Pegou o carro e foi trabalhar. E então, de repente, o barulho. Forte. Intenso.

Mais um dia havia passado naquele quarto de hospital e Raquel era obrigada a lidar com sua solidão.

Pediu para uma das enfermeiras avisar que ela gostaria que o Dr. Paulo viesse lhe visitar.

– Dr. Paulo não trabalha mais aqui, Raquel. Ele se aposentou. Quem irá cuidar do seu tratamento agora será o Dr. Rogério.

– Como assim? Como que um médico vai embora e não me avisa?

– Ele disse que quis lhe contar ontem...

– Mas ele ontem não veio como médico veio como amigo, ou visitante, ou sei lá o que.

– Talvez era justamente o amigo Paulo que queria poder lhe confortar.

– Não! Eu quero uma explicação.

– O Dr. Rogério virá logo mais, ainda hoje. Na verdade, eu nem deveria ter lhe dito, pois é ele quem vai lhe contar.

– E se eu quiser ver o Paulo?

– Ligue para ele.

– Você me consegue o número dele?

– Claro.

E rapidamente a enfermeira escreveu em um pedaço de papel o número telefônico de Paulo. Enquanto escrevia, pensava em como o ser humano é difícil de ser compreendido. Dr. Paulo queria muito ter se despedido de Raquel e aquela reação dela fez com que seu último dia de trabalho ficasse mais triste. Agora ela estava ali, pedindo para encontrar uma forma de falar com ele. Por que estamos sempre concertando as atitudes frias que temos na vida?

– Está aqui, Raquel. Tenho certeza que ele vai lhe atender. Mas lhe dou uma dica: ligue para ele como amiga, não como paciente. Não esqueça, ele se aposentou.

E então ela ficou ali, olhando para aquela soma de números.

Raquel sabia que algo lhe havia tocado. Sabia que suas palavras fixaram em alguma parte de sua mente. E sentia que havia um grande chamado interno para se entregar àquela carinhosa acolhida que Paulo lhe oferecia.

De repente, a mesma enfermeira volta para o quarto. Desta vez carregando outro buque de flores.

Por instantes Raquel se colocou em dúvida. Parte dela queria acreditar que eram novos sinais de afeto e de importância. Outra parte, já conhecida em sua jornada, dizia que as flores eram para outra pessoa.

– Você acredita em coincidências, Raquel?

– Estas flores são para mim?

– Sim. Recebemos agora e foi o Dr. Paulo quem lhe enviou.

– Dr. Paulo?

– Sim, pelo menos é o que diz aí no bilhete.

– E você leu o meu bilhete?

– Só o remetente. É o meu lado curiosa. Desculpe, mas é maior do que eu.

Raquel sorriu. Ficou espantada com tamanha simplicidade e sinceridade daquela mulher. Estranhamente, sentiu-se desarmada. Seu foco estava em abrir logo aquele bilhete:

"Querida Raquel, não desistirei de tentar alegrar o seu quarto. Vou lhe mandar flores todos os dias enquanto estiver por aí. Não se esqueça: 'Navegar é preciso, viver não é preciso' (Fernando Pessoa). Com carinho, Paulo."

Fechou o bilhete. Pegou aquele buque e separou-o em várias flores, colocando cada uma delas em uma parte do quarto. Sentou-se. Observou.

Pegou o telefone e ligou para Paulo. Ela queria poder se sentir importante e ele era o único caminho possível naquele momento.

Em um certo dia, Raquel esquentava o seu café da manhã e naquele momento o aroma especial propiciou um pensamento pouco recorrente. Ela lembrou de seus pais. Adoradores de café foram pessoas importantes na vida dela. Trabalhadores, ausentes como pais, mas importantes, pois lhe ensinaram valores fundamentais que até hoje guiavam sua vida. Enquanto tomava o café, ela se emocionava, pensando que eles partiram cedo. Não havia mais tempo para poder tocá-los. Ela queria poder dizer algumas palavras afetivas, mas isso não era possível. Quem sabe em outra vida. Deixa para lá.

Termina do tomar o café. Rumo ao trabalho. E então, de repente, o barulho. Forte. Intenso.

Novamente o sol invadia aquele quarto florido. Raquel tomava seu café da manhã, com pouco sabor e pouca graça, como de costume nas comidas de hospital. Sentiu saudade da sua casa. Das suas coisas.

– Bom dia, Raquel.

Entra no quarto o Dr. Paulo, novamente com flores nas mãos. Agora já era uma convicção: aquelas flores eram mesmo para ela.

– Que bom que você veio, Paulo. Fiquei mal pela forma como o tratei. E você não pode se aposentar. Eu ainda não tive alta.

— Eu também não lhe dei alta, Raquel. Eu apenas me aposentei das minhas atividades do hospital. Temos ainda muito que conversar.

Ela então se acomodou melhor na cama. Fez um gesto para que ele sentasse.

— Sabe o que mais me intriga, Raquel?

— No meu acidente?

— Não. Na sua estadia por aqui.

— Não entendi.

— O mais me intriga é que vejo você forte. Se recuperando rapidamente, de uma forma fora do padrão. Você aqui forte ao não demonstrar suas tristezas. Você aqui forte, como se não sentisse falta de visitas, de amigos, de pessoas que lhe querem bem.

— As pessoas estão muito ocupadas, Paulo. Não as culpo.

— Mas não se trata de culpa, Raquel. Eu apenas observei toda sua força e admiro isto. Mas também quero conhecer sua fraqueza. Afinal, acredito que foi ela quem a trouxe até mim.

— Minhas fraquezas? Ah, Paulo... Não queira saber delas. Levei anos para conseguir criar meus muros e você não pode agora querer derrubá-los.

— Novamente não se trata do que eu quero. Mas do que você quer. Você realmente acha que este acidente não foi um sinal para repensar algo?

— Sim. Tenho pensado muito no meu excesso de trabalho, nas tarefas cotidianas, neste ato forçado de ter que ficar neste quarto...

— Mas cadê o amor, Raquel?

— Amor?

— Sim, amor e nada mais.

Ela se encostou e derrubou a cabeça sobre a almofada. Levou seu olhar para cima. Respirou profundamente.

– Lá vamos nós. Disse ela em tom baixo.

– Vamos? Nós?

– Sempre achei que este dia ia chegar. Só não imaginei que fosse agora.

– Que dia, Raquel?

– O dia em que eu teria que pagar esta conta e reconhecer a vida que eu decidi viver. Pagar o preço pelas minhas escolhas e admitir as perdas pelo caminho.

– Isto é viver. E não tem fim. Mas volto a lhe perguntar, cadê o amor?

– Tive que trabalhar desde muito cedo, Paulo. A vida foi dura. Foi difícil. Não tive tempo nem educação para pensar no amor. Deve ser por isso que até hoje estou solteira.

– Mas não me refiro apenas ao amor entre duas pessoas. Me refiro ao amor pelos amigos. Amor pela vida. Amor pelas nossas atitudes. Amor pela nossa história. Amor pelas pessoas com que cruzamos. Não de forma poética, nem com a ilusão de um amor idealizado e romântico. Mas o ato de ser mais amoroso consigo e com os outros.

– Não sei se nasci para isso.

– Não sei se você não nasceu para isso.

– Já é tarde, Paulo. Meus pais já morreram, não tenho amigos de longa data, sou solteira, não tenho filhos...

– O amor não tem data de validade. Esta é a sua cura, pois este acidente foi uma ruptura no seu modelo. A questão é como será daqui para frente, Raquel. Foi-lhe dada a dádiva de não morrer. De alguma forma você escolheu sobreviver. E agora o que fará com isso?

Silêncio no quarto. Um passarinho pousa na janela. Desta vez, sem fazer qualquer som.

Raquel lembrou como era sua vida. Seus gestos não eram afetivos. Suas relações de trabalho não tinham nenhum pressuposto amoroso. Eram frias. Objetivas. Focadas exclusivamente no resultado desejado por quem comandava a empresa. Da sua família ela havia se afastado. O tempo havia acabado com a intimidade com seus irmãos. A vida que ela escolheu não falava de amor. E, portanto, ela jamais poderia ter entendido o que essa emoção representava.

Ela morava na praia de Ipanema, no Rio de Janeiro, e não lembrava da última vez que fora ver o mar. Lembrou que desde muito cedo, já na sua infância, seus dias tinham poucos tempos livres para desfrutar da bela natureza que aquela praia oferecia. Ela sempre via as pessoas tomando banho de mar, conversando e brincando na beira da praia, explorando o sol e o calor. Mas para ela aquilo não passava de uma imagem meramente poética. Sempre foi mais fácil acreditar nas frias ondas da praia de Ipanema.

O que Raquel não sabia é que a palavra Ipanema, originária do Tupi, significava água ruim. Mesmo sendo considerada uma água ruim há muitos anos, hoje era uma praia mundialmente conhecida pela sua beleza. Tudo pode ter um novo significado e não é preciso seguir padrões antigos de percepção.

Certa vez ela passou de carro pela praia e reconheceu uma amiga da infância que por ali caminhava. Alice foi sua colega durante muitos anos escolares e agora estava ali. Caminhando levemente naquela manhã chuvosa na praia. Aproveitando o engarrafamento típico daquele horário ela pôde observar que Alice usava fone de ouvidos. Ficou imaginando que música ela estaria ouvindo. Pensou em buzinar e encostar o carro. Perguntar a música já seria uma boa forma de voltarem a falar.

Mas o trânsito andou e Raquel precisou dobrar a esquina e seguir adiante.

E então, de repente, o barulho. Forte. Intenso.

– Me diga, Paulo, no seu bilhete você citou uma frase de Fernando Pessoa, que diz que navegar é preciso, viver não é preciso. Qual sua intenção?

– Eu adoro esta frase. Durante algum tempo ela teve apenas um significado para mim. Depois, aprendi com uma amiga a olhar a frase também por outro ponto de vista e agora posso compartilhar com você dois lindos significados. O primeiro refere-se a interpretar a frase pensando na palavra precisão, no sentido de ser preciso, ser específico e objetivo. Neste sentido, navegar é preciso, pois navegar é precisão. Muitos instrumentos sempre foram necessários na precisão ao navegar. Desde os mais antigos navegadores que já se utilizavam das estrelas no céu como referência perfeita para seguir adiante. Já viver... bem, viver não é nada preciso. Não temos controle, não temos referências exatas, não temos instrumentos que nos ajude a viver. A vida não é exata. Veja você aqui neste hospital. Sua vida até este acidente estava totalmente precisa, objetiva, controlada. O acidente mudou tudo, e a vida está lhe provando que esta precisão não é permanente e que, neste momento, para você viver não está sendo preciso. Por outro lado, também tenho outra ideia para esta mesma frase. Para este ponto de vista, é necessário pensar na palavra preciso a partir do verbo precisar. Fernando Pessoa a escreveu em uma época em que navegar era desbravar o desconhecido. Obviamente, isso ainda ocorre, mas naquela época o ato de navegar exigia muito mais coragem e ousadia em busca de algo desconhecido. Os navegadores não sabiam o que iram encontrar. E este navegar é preciso significa que é necessário desbravar a si mesmo; é necessário entender que não sabemos o que iremos encontrar em nossas vidas e ainda assim seguirmos adiante. Viver por viver não é necessário. Viver como um sobrevivente não é necessário. Viver simplesmente para seguir um caminho já desenhado por outros não é necessário. Desbravar o desconhecido é.

– Nossa, Paulo, lindo. Nunca desbravei...
– E o que sente aqui agora? Qual sua emoção presente?
– Não sei nomear. Mas me sinto bem.

Naquele momento Raquel estava convidada a sentir o ponto ágape. Algo ali, dentro dela, estava em transformação. Um novo estilo de vida lhe foi descortinado.

Pausa.

Na memória de Raquel vieram algumas experiências muito interessantes e esquecidas por serem minoria em sua história. Ela se lembrou de momentos afetivos e do quanto ela, enquanto criança planejava uma vida mais encantadora. Sonhava em ter uma família, marido, filhos, casa cheia. Quando pequena brincava de boneca pensando como seria quando fosse mãe. Sua filha imaginária já tinha nome: Sofia. Seria loira, de cabelos cacheados, sorridente. Ela imaginava como seria esta vida e passava horas vivendo neste lugar projetado. E ali havia amor. Um amor idealizado e de tempo futuro.

Foi então que Raquel percebeu que todos os momentos de amor se remetiam a algo futuro ou passado. No tempo presente, o amor estava escasso.

O que, naquela fração de tempo, ela estava sentindo é que o ponto ágape só existe no aqui e agora. Ponto ágape é um fluxo de amorosidade por quem estamos sendo naquele momento, pelo que estamos vivendo naquele momento e pelas pessoas que ali estão naquele momento. Ponto ágape é, acima de tudo, presença.

Ela então se percebeu ali.

Uma peça fria em busca de calor. Um quarto frio de hospital onde o sol insistia em entrar quente pela janela. Um espaço sem vida onde diariamente passarinhos paravam em sua janela para assoviar. E uma mulher que só se banhava em ondas frias, agora disposta a entrar no ponto ágape.

Neste mesmo quarto, um mestre. Seu nome era Paulo e sua missão naquele momento, consciente ou não, era apenas de mostrar àquela mulher que as ondas de Ipanema nunca foram frias. Era hora de ela se banhar. Mas nenhuma palavra de mestres tem efeito se, naquele momento, quem está na posição de discípulo não escutar profundamente. Quando isso ocorre mais um pedaço do ponto ágape se completa. O amor por ser um semeador. Um amor por aprender. E nesta soma o ágape é a materialização de algo maior, inexplicável.

Naquele instante de pausa, Raquel refletia e em lapso ela falou em voz alta:

– Assim fica difícil ser ateia.

E ela mesma sorriu com o que disse.

Apoiou-se na janela do quarto. Deixou o calor dos raios solares invadirem seu corpo. Entregou-se. Lágrimas lhe escorreram. Ela se virou para abraçar Paulo e, surpresa, reparou que ele não estava mais lá. Ao lado das flores, um pequeno bilhete: "Você está de alta do meu tratamento. Vá viver".

Silêncio e emoção.

Alguns dias depois, Raquel saía daquele hospital. Sozinha. Mas ela sabia que a solidão havia sido apenas consequência de suas atitudes. Pela primeira vez, pôde entender aquela situação.

Entrou no táxi e pediu para ir para casa. No rádio, uma canção que admitia: "Pra você guardei um amor que nunca soube dar... O amor que vive em mim e vem me visitar". Raquel sorriu profundamente. Aquela música era dela para ela.

Naquele caminho de casa ficou pensando quantas pessoas ela iria visitar. Estava decida a mudar suas atitudes na empresa, a dizer eu te amo para quem de fato amava, abraçar mais as pessoas, pedir mais desculpas, tolerar mais.

Ela sabia que uma vez no ponto ágape, outras pessoas surgiriam na sua vida. Tudo aquilo que ela idealizava sobre o amor precisava ser aberto.

Ao parar o carro em meio ao movimentado trânsito, ela reparou em uma pequena floricultura. Teve uma ideia. Pediu para o taxista parar e lhe esperar. Comprou dois grandes buques. Coloridos.

Entrou em casa. Mas aquela casa não fazia mais sentido. Era fria e ele não morava mais lá. Pegou um dos buques e fez o que havia aprendido com Paulo, espalhou pequenas flores por toda a casa. Abriu as janelas. Ligou o rádio.

O outro buque tinha um motivo também muito especial. Ela subiu até o oitavo andar. Bateu na porta de Rosângela.

– Olá, D. Rosângela. A senhora não me conhece. Somos vizinhas e algumas semanas atrás fiz algo muito errado. Eu interferi no seu fluxo de amor e por isto vim lhe pedir desculpas.

– Não estou entendendo. Quem é você?

– Sou a Raquel, do 608. Estas flores são para você.

– Para mim?

– Na verdade, algumas semanas atrás uma pessoa chamada JP lhe enviou flores agradecendo a noite que tiveram. Não... agradecendo a maravilhosa noite que tiveram. Por um erro do porteiro estas flores foram parar na minha casa. Senti inveja e preferi colocar as flores no lixo. E naquela mesma manhã eu me acidentei de carro...

– Então você é a menina que se acidentou?

– Sim. Mas isto agora não é relevante aqui. Neste momento o que eu preciso é dizer que fiquei envergonhada com o que fiz e estas flores são meus pedidos de desculpa. O tal JP deve ser um cara muito bacana e desejo que vocês possam usufruir do amor.

– Nossa, Raquel... Entre. Tenho que lhe contar algo.

Raquel entrou naquela casa. Curiosamente, aquele apartamento era do mesmo tamanho do seu. As paredes estavam no mesmo lugar. Mas a casa era diferente. Ela se sentia acolhida e viva.

– Muito bonito seu apartamento.

– Isto não é relevante agora, Raquel. O que preciso lhe dizer é que JP e eu estamos realmente muito apaixonados.

– Que máximo. Puxa, como fico feliz de saber disso.

– Mas você não faz ideia de quem é JP.

– Como assim?

– O nome dele é João Paulo. Para mim JP, mas para a comunidade médica, ele é o Dr. Paulo.

Silêncio. Coincidência. Conexão. Espiritualidade. Amor.

Tudo fez sentido. A vida deixava de ser uma mera soma de momentos, e os fatos e emoções lhe comprovavam que, de alguma forma, todos nós estamos conectados.

Ponto ágape e ponto final.

Gabriel Carneiro Costa

Observação comentada

O amor nunca foi frágil.

O amor nunca deveria ter sido visto como algo frágil. A posição humana é dotada da capacidade de trocas emocionais, e o amor não é finito. É um sentimento abundante que não gera escassez.

Particularmente, discordo do conceito utilizado como "amar demais". No meu ponto de vista não existe este lugar. O que existe são comportamentos inadequados frente a um grande amor. Nenhuma mulher ama demais. Nenhum pai (ou mãe) ama demais. Eles simplesmente amam muito e isso jamais seria perturbador. O que complica as relações amorosas é a necessidade de controle, os ciúmes, a superproteção, a baixa educação emocional, mas jamais o amor em excesso.

Amamos porque amamos. Faz parte do nosso DNA. Todas as culturas experimentam o amor. Algumas o exploram, outras não lhe permitem, outras compartilham e outras o desejam ou ignoram. Mas em nenhuma relação humana existe a falta da possibilidade de o amor estar presente.

Em todos esses anos atendendo a pessoas (em processos individuais) e grupos, percebo que a carência do amor está presente na grande maioria dos dilemas. Não o amor poético, nem o amor conjugal, mas o gesto amoroso. A amorosidade entre as pessoas é a base para relações mais sadias.

Não trabalho com crianças, mas conheço os adultos que elas se tornam. E, neste sentido, posso afirmar que uma criança amada conseguirá lidar melhor com as dificuldades que a vida, sem exceção, trará.

Tive, mais de uma vez, pessoas que me procuraram querendo justamente desenvolver seu lado mais amoroso e mais afetivo. Assim como a personagem Raquel, tinham vivido em um cenário que exigia muita força e poucos momentos de emoção. Mas elas já não estavam mais lá e procuravam ajuda, pois queriam poder usufruir da beleza do amor nas relações.

Acredito que isso esteja presente em todos. Nascemos amorosos, mas a vida pode ampliar ou sublimar esses comportamentos. Em um mundo competitivo, centrado na vaidade, no consumismo e no exibicionismo, o amor caiu no clichê raso, simples e de pouca importância.

Por outro lado, vejo uma onda de novas gerações dispostas a resgatar relações mais afetivas, mais colaborativas e mais conectadas. É preciso romper com a ideia de que uma pessoa amorosa é fraca, ingênua ou incompetente. O amor não é fraqueza. E uma pessoa amorosa segue tendo o mesmo compromisso com a sua própria jornada de se manifestar, se posicionar, e não necessita aceitar o que está sendo imposto pelos outros.

Podemos amar e discordar. Podemos amar e não gostar. Podemos amar e criticar. O amor não é um sentimento excludente de algum outro. Amor é maior. É uma forma de nutrir e guiar a vida. É um exercício de olhar a si mesmo. Olhar o outro. Ter empatia e egoísmo. Ter cumplicidade e autenticidade. Ter coragem e medo.

Desde muito cedo o amor nos é ensinado. Aprendemos que devemos amar nossos pais, nossos irmãos, nossos familiares. Desde nossas primeiras palavras, já fomos convidados a manifestar o amor. Dessa forma, o amor é algo ensinado. Não quer dizer que não tenha valor. Mas é ensinado. Somos "obrigados" a amar aquilo que nossas figuras parentais amam. E na grande maioria das culturas mundiais, ninguém ensina as crianças sobre o que elas devem odiar. E justamente por isso, na nossa base o ódio é algo mais puro do que o amor. Mas isso não é bom. Pelo menos não para mim e para todas as histórias pessoais que tive o privilégio de compartilhar.

O ódio nós aprendemos por nós mesmos. Criamos as nossas experiências pessoais para saber o que de fato odiamos.

É interessante ressaltar que muitas teorias de psicologia apontam o afeto como um sentimento natural (que nasce conosco), e justamente por isso o amor se desenvolve em nossas vidas. E um ambiente muito afetivo, o amor se desenvolve antes mesmo de muitas outras características e habilidades. O afeto, por ser algo inerente a todo ser humano, ao encontrar ambientes e pessoas pré-dispostas a compartilhar essa energia, gera o amor – em todas suas formas. Amor no sentido de amorosidade pelas pessoas, pelas ideias, pelas circunstâncias.

O amoroso e o raivoso terão uma vida muito parecida pela perspectiva de dificuldades. Viverão dilemas da vida normal como todo ser humano. Passarão por altos e baixos. E algum dia morrerão. A diferença está no modo que viveram, no sentimento interno que predominou, na maneira como impactaram as pessoas que conviveram e no legado que deixaram.

A graça é que é nesse amor ensinado que está a nossa missão de seguirmos em busca daquilo que mais profundamente amamos. Isso não significa deixar de lado nada do que nos foi ensinado. Pelo contrário, a jornada está em ampliar o lado bom da nossa vida. Seja lá qual for o seu lado bom, ele precisa ser ampliado. É o conceito macro de amor a si mesmo e amor a sua própria jornada pessoal. Ampliar o bom.

Por isso posso afirmar que eu não nasci assim. Eu escolhi ser assim. Eu escolhi nortear a vida pelo amor nas relações. O amor, e nada mais.

Neste capítulo em específico, Paulo foi o mestre para Raquel. Mestre não no sentido ritualizado, místico ou poético. Entendo que todos nós temos nosso mestre maior, que nos guia por meio de pessoas e sinais que cruzam em nossas vidas o tempo todo. Paulo foi um mestre naquele momento, pois ele abriu o ponto ágape de Raquel.

Quando entramos no ponto ágape, é como um caminho sem volta. Um nível de consciência que se amplia sem a possibilidade de se reduzir.

Mesmo tendo sido criado em um ambiente familiar extremamente amoroso, eu demorei muito tempo para acreditar neste poder transformador. Durante anos vi o amor como recompensa, como consequência, e nunca como causa.

Hoje, na profissão que exerço, sinto esse ponto presente. Neste livro, quis criar esta expressão, ponto ágape, para ilustrar estes momentos em que o amor se torna maior e se sobrepõem às nossas decisões. Existem milhares de pontos ágares espalhados por aí. Cruzaremos com eles inúmeras vezes. Mas jamais seremos impactados por eles se não estivermos dispostos a senti-los.

Nos últimos anos, mudei muito a minha forma de atender pessoas (em processos individuais) e grupos. Passei a usar a emoção do amor e do afeto como base para as relações se tornarem mais afetivas. Apliquei, à minha maneira, essas questões em conselhos de empresas, com casais, pais e filhos, sócios. De empresários milionários a pessoas de baixa renda; de idosos a jovens. E nesta jornada ficou claro pra mim que a emoção do amor não tem distinção. Uma vez colocada e aceita pelas pessoas envolvidas, ela prevalece. Isso não significa empresas deixando de desejar seus lucros. Não significa casais não tendo seus momentos de cansaço, frustração e irritação. Não significa filhos desalinhados com os desejos dos pais e assim por adiante. O amor não anula outras necessidades e dilemas que ocorrem nas relações. Ele apenas prevalece, e isso muda tudo.

Certa vez, uma pessoa chegou até a mim buscando desenvolver suas relações afetivas. Relatou-me todos seus momentos de frieza e baixa tolerância até mesmo com pessoas importantes na sua vida. Assim como outros tantos, essa cliente tinha a crença de que para ser forte era necessário ser fria. Para ter valor nas relações, era necessário se impor na base do grito. Havia nela diversos jargões populares que reforçam a ideia de que o caminho para educar um filho, supervisionar um funcionário ou até mesmo se relacionar com uma pessoa era necessário demonstrar ser uma fortaleza. O conceito "homem não chora" é presente neste tipo de cliente e, com ela, não era diferente.

O que me chama atenção neste tipo de pessoa, e nesta cliente em específico, é a sua total consciência do quanto aquele comportamento estava lhe tornando uma pessoa sozinha, sem usufruir do lado belo que é viver. Ela tinha total noção de que sua melhora representaria uma melhora profunda em sua estrutura como um todo. Mãe de três filhos queria poder estar mais conectada com eles. Queria demonstrar mais afeto pelo seu marido, que até então só admirava de forma silenciosa. Queria poder ser uma boa gerente, quebrando o paradigma de que teria que ser controladora e agressiva.

Pensando na teoria que neste livro chamei de ponto ágape, ela estava em um estágio em que reconhecia que este ponto existe, mas não sabia se seria capaz de tocá-lo.

O meu trabalho nesse tipo de situação, e em específico com essa cliente, foi conectá-la com o lado bom de sua vida. Meu papel era conduzi-la a observar com mais atenção as coisas boas à sua volta. E quando o lado bom estava escasso, meu papel foi demonstrar que pequenas mudanças na sua atitude gerariam infinitas possibilidades para cenários mais agradáveis.

Exercitar a amorosidade é treino, e ter visto essa cliente encarar de frente esse desafio foi muito empolgante. A cada semana ela me trazia mais exemplos de mudança de atitude que geraram reações surpreendentes. Tratava-se do ponto ágape sendo espalhado da mesma forma como uma pedra que ao tocar na água cria uma sucessão de ondas que vão disseminando em outras ondas e outros impactos. As pessoas ao seu redor foram lhe devolvendo a mesma energia e, a cada novo momento, era necessário que ela reconhecesse. Um dos pontos mais importantes no meu trabalho era justamente ajudá-la a reconhecer esses passos, comemorar e agradecer. A gratidão por esses retornos lhe trazia humildade por saber que sua evolução emocional era também ampliada por suas relações.

Não tenho a intenção de dar aqui detalhes do processo dessa cliente. O que posso compartilhar é que foi doloroso e bonito ao mesmo tempo. Tivemos sessões de muita tristeza. Algumas mágoas precisam ser expostas para serem limpas. É impossível disseminar o amor com os bolsos cheio de contas caras do passado. É quase como uma espécie de coleção de carvão. Nós vamos colecionando e ao mesmo tempo nos queimando. E este é um ponto de muita dor. Dor que não pode ser amenizada e a mim só cabia acolher e deixar que ela sentisse. Mas era justamente essa dor a alavanca por um outro tipo de vida. Foi uma experiência bonita. Ela, assim como Raquel, encontrou seu ponto ágape.

Ninguém pode dar o ponto ágape para outra pessoa. Podemos apenas estimular a jornada. Cabe a cada um escolher encontrá-lo.

Use este espaço vazio para refletir seu momento de vida

Use este espaço vazio para refletir seu momento de vida

Capítulo 2

O último tango em Buenos Aires

Soa uma campainha. As luzes vão se tornando fracas lentamente até ficarem ausentes, trazendo a escuridão. Rompendo o silêncio apenas alguns poucos barulhos de talheres. No palco, um ponto de luz vermelha brilha. Os tons graves de um contrabaixo indicam a música que será revelada aos ouvidos. Um corpo feminino sensual, de saltos altos e vestido longo surge alterando a energia daquele teatro. Os violinos se apresentam e se juntam àquela música, que é sentida no centro do peito. Um homem elegante vestindo um chapéu charmoso entra em cena e agarra aquela mulher. Juntos eles dançam. Conectam-se não apenas na música, mas na sensualidade de dois corpos em sintonia.

Não há provas específicas de onde tenha surgido o tango, mas a dúvida sempre gira em torno de ser originário da Argentina ou do Uruguai. O fato é que este famoso estilo musical possui os primeiros registros oficiais nos subúrbios e prostíbulos das cidades de Buenos Aires e Montevidéu. Nessa época era uma dança realizada por dois homens – daí o sentido de a dança ser realizada com os rostos virados, sem que os olhares se cruzem. Depois disso, marinheiros franceses levaram a dança para Paris e o movimento ganhou escala internacional. Muitos anos depois, em 2009, o tango foi considerado Patrimônio Oral e Imaterial da Humanidade pela Organização das Nações Unidas.

Sentados na primeira mesa estão o casal espanhol, Anita e Juan. Era a primeira vez deles em Buenos Aires, na Argentina, e assistiam a uma tradicional apresentação de dança. O motivo daquela viagem era o aniversário de casamento. Estavam juntos há vinte anos e Anita tinha o desejo antigo de conhecer algum país da América do Sul.

O nome espanhol Juan significa "agraciado por Deus"; Anita quer dizer "cheia de graça". Percebia-se em seus nomes a união de duas pessoas com muita graça, no sentido amplo da palavra. Mas isso já não estava mais presente. A graça virara apenas memória. O ponto ágape já não estava mais ali entre eles e em algum lugar na mente de ambos, de uma forma quase secreta, tudo indicava que aquele seria o último tango que veriam juntos. A primeira ida à Argentina, mas a última viagem juntos. A possibilidade de divórcio era latente nos dois.

Vinte e quatro anos antes, eles haviam se conhecido. Não foi um encontro em que as estrelas brilhavam no céu. Também não tocaram sinos, nem mesmo houve a presença visível de anjos. Juan sabia que a vida real sempre foi menos poética.

Eles se conheceram em um aniversário de um amigo em comum. Foram apresentados. Ele ficou tocado pela beleza de Anita. Não era um estilo modelo ou capa de revista. Mas havia algo nela muito atraente para ele. Um olhar meigo, uma sensualidade discreta e um tipo de beleza simples que sempre lhe despertou interesse. Já ela admirou seus conhecimentos culturais. Entre uma taça de vinho e outra, mesmo ainda jovens, Juan compartilhou o seu ponto de vista sobre a arte. Anita não conhecia nada de arte. Juan desde cedo aprendeu a dar valor a tudo que tinha um grande conceito por trás, uma peça que tivesse uma história para contar.

Ele trabalhava com artes plásticas. Era pintor. Ela era jornalista redatora em um jornal local.

Ele nasceu em Málaga, no extremo sul da Espanha, mas atualmente morava em Madri.

Ela nasceu eu Madri e optou por morar com um grupo de amigas em uma cidade vizinha chamada Las Rozas e percorria diariamente 25 km até Madri, sede do seu emprego.

Apesar dessa breve conexão, Anita acreditou que nunca mais se falariam. Juan pensou diversas vezes em pedir o telefone dela ao amigo que havia realizado a festa de aniversário. Pensou, mas não o fez.

Seis meses se passaram e num certo dia o chefe de Anita pediu-lhe para cobrir uma exposição de artes que estava acontecendo em Barcelona. Ela mal entendia de arte e pensou algumas vezes em pedir o telefone de Juan para pegar algumas dicas. Pensou, mas não o fez.

No dia da exposição, Anita chega ao local do evento e a primeira obra que ele encontra é uma tela enorme, quente e viva. Naquela tela havia uma mulher pintada. Apenas uma silhueta sensual. A obra não revelava exatamente o tipo de mulher que estava ali representada. Apenas transmitia algo muito intenso.

Ao se aproximar da tela, ela encontra Juan. Ele era o responsável por aquele trabalho. Cumprimentam-se. Os corações aceleraram, pois ambos haviam pensado um no outro, e aquele encontro parecia uma enorme coincidência.

Anita ficou encantada ao saber que aquela tela havia sido recentemente premiada e a carreira do jovem artista Juan estava sendo publicamente reconhecida.

Eles não puderam conversar muito devido ao movimento da exposição. Anita cumpriu o seu papel de observar tudo, anotar informações e entrevistar algumas pessoas. Naquele mesmo dia ela precisaria retornar para Madri e escrever a matéria.

Em meio à empolgação e felicidade pela sua carreira, Juan pensava em Anita. Mais uma vez acreditava ter perdido a chance de explorar mais aquele momento. Um homem que desenvolvia a incrível habilidade de viver o presente, do olhar apreciativo, se sentia uma criança insegura para nutrir um espaço mais íntimo com aquela mulher que lhe despertava interesse.

Dois dias depois, sentado no café do hotel em que se hospedara em Barcelona, Juan lia no jornal uma matéria intitulada "Quem é ela? – Uma beleza misteriosa".

No dia seguinte, ao voltar a Madri, Juan enviou para Anita flores e um bilhete:

"Estaria mentindo para você se dissesse que ela é você. Afinal, eu apenas a conheci, mas ainda não a descobri. Estaria mentindo para mim se dissesse que eu não tenho expectativa que você seja ela."

Escreveu junto seu telefone.

Encontraram-se.

Ao som de muitas palmas o tango se encerra. As cortinas se fecham e Juan e Anita estão empolgados com o que acabaram de assistir. Toda aquela sensualidade, harmonia e alegria deixam Juan muito a vontade para comentar:

– Anita, não nos curtimos mais.

– Quê?

– Nunca mais dançamos tango, Anita.

– Mas nós nunca dançamos tango, Juan.

– Não me refiro a este tango, mas ao nosso tango. Onde foi parar a nossa dança, a nossa música, o nosso equilíbrio e a nossa sensualidade?

– Puxa, não esperava este tipo de conversa aqui.

– Nem eu.

Embora um pouco resistente ao tema, Anita sabia que aquele era um comentário com apenas duas possibilidades. Ou ele ainda a amava e queria resgatar o que haviam vivido em outra fase. Ou ele pretendia se divorciar.

O mais interessante é que ambos ainda tinham um bom sentimento um pelo outro, mas a falta de diálogo nos últimos anos levou-os a parar de conversar sobre aquilo que realmente interessava a ambos como casal. Na realidade, o ser humano tem medo de conversas significativas e profundas e com eles não era diferente.

– Lembra como nos conhecemos? – Perguntou Juan enquanto servia duas taças de vinho.

– Claro! Você me pintou sem nem mesmo me conhecer.

Os dois riram. Logo em seguida um pequeno silêncio.

Como por hábito, suavizaram o assunto e passaram a comentar sobre o show que haviam acabado de assistir. Entre um gole e outro, jantaram comentando que o tango ainda era uma dança muito interessante e que na realidade, eles pouco sabiam dançar.

De volta ao hotel em que estavam hospedados, logo que entraram no saguão, Juan foi abordado por um casal.

Eles comentaram que uma das obras do espanhol tinha sido marcante em suas vidas, pois eles haviam ganhado de casamento. Tratava-se de uma obra que Juan chamou de "A busca". Naquela tela havia uma sombra de um homem, totalmente apático, em um caminho colorido.

Aquilo parecia um sinal. Já no elevador Juan comentou:

– A busca foi presente de casamento, você viu?

– Vi, sim.

– O casamento seria uma eterna busca?

Anita abraçou-o. A porta abriu e eles se dirigiram até o quarto. Ele sentou na cama e ficou pensativo. Ela, com um efeito um pouco maior do vinho ingerido foi até o banheiro. Minutos depois voltou, sentou ao lado de Juan e disse:

– Eu não desisti de você, Juan.

Aquela curta frase demonstrava que ela havia ficado pensando no que ele dissera. Muitas vezes um falou para o outro suas percepções importantes e, mesmo que tenham se distraído e fugido das conversas mais significativas, elas de alguma forma sempre ficavam presentes nas mentes.

A fala de Anita era importante para Juan. Um sinal positivo de que algo ali ainda não estava perdido. Ele havia se dedicado para sua carreira, que nos últimos anos se tornou internacional. Ela se envolveu com a chegada dos filhos. Três meninos educados, mas que ao mesmo tempo competiam pela sua atenção.

Juan sabia que suas viagens haviam se tornado rotina. Sua ausência de casa era pouco recompensada em nome de poder propiciar uma qualidade de vida melhor para eles. Boa casa, bons carros, boas viagens. Mal sabia Juan que aquela busca pelo crescimento e reconhecimento havia afastado ele do que verdadeiramente mais lhe importava: o amor de sua família.

Nos últimos anos, experimentara novos prazeres sem a presença da sua esposa, porém sem nunca ter perdido o propósito de ser fiel. Eles haviam feito um pacto que caso algum dia um deles estivesse extremamente envolvido, atraído ou até mesmo com uma enorme fantasia sexual por outra pessoa, eles iriam conversar e determinar o que fariam do casamento.

A vida sexual que ele tinha com Anita havia mudado muito, principalmente depois do nascimento do seu primeiro filho. O apetite e a disposição dela já não eram mais os mesmos. Além disto, o avanço das tecnologias dos últimos anos havia permitido que ele pudesse acessar e ampliar suas fantasias. Como o diálogo entre eles não era mais profundo, ele não tinha espaço para este compartilhamento. E foi assim que o início de suas traições aconteceu. No fundo, Juan sabia que conceitos típicos masculinos serviam apenas para aliviar a culpa. Muitas vezes seus amigos lhe estimulavam a sair com outras mulheres com a afirmativa de que isso apimentava a relação. Ele não acreditava que isso fosse apimentar o relacionamento com Anita, mas apenas o sentimento de culpa. É a culpa que faz com que seus amigos fiquem mais agradáveis, tolerantes e gentis com as parceiras.

Juan tinha clareza da diferença entre propósitos e propostas e não estava disposto a se render a uma proposta de prazer por poucas horas em troca de um remorso interno – talvez pela vida toda.

Porém aquela vida de viagens, fama, dinheiro e reconhecimento público era a grande responsável pelo afastamento atual deles. Naquela noite, no hotel, Juan admitiu a si mesmo que havia desistido de seguir na descoberta de Anita. Na realidade, ele já não sabia mais com quem exatamente estava casado. A vida muda as pessoas e ele nunca mais havia olhado profundamente para saber quem ela havia se tornado. Será que ele ainda a amava? Será que ela havia se tornado uma pessoa ainda mais amável e atraente? Será que ela ainda sentia algo verdadeiro por ele? Será que eles voltariam a viver em intimidade? Promoveriam momentos afetivos? Voltariam a ter uma vida sexual satisfatória?

O que ele podia afirmar é que sentia imensa falta daquela parceira. Não sabia o que poderia ainda viver com ela, mas aquela Anita de antigamente ele ainda amava e sentia saudade.

Por outro lado, Anita se calava. Preferia não investigar e questionar as viagens de Juan. Ela sabia que também não vinha cumprindo sua parte naquela relação. Nos últimos anos sua vida ficou dedicada ao papel de mãe, e cuidar de três filhos exigia uma energia e uma capacidade de adaptação enorme.

Recentemente, Anita havia decidido voltar a fazer terapia. Procurou uma antiga psicóloga para tentar se encontrar novamente como mulher. Ela sabia que sua identidade fora alterada e que seu papel altruísta de cuidar e educar três crianças a afastara de olhar pra si mesma.

Obviamente, seu casamento também estava pagando este preço. Como poderia cuidar da sua vida com Juan se parara de cuidar dela mesma?

Anita continuava uma mulher vaidosa e não havia perdido o cuidado com seu físico, suas roupas e sua apresentação. Mas sabia que algo em seu interior havia ficado vazio.

Dias antes de embarcarem para a Argentina, Juan havia perguntado se tinha algo específico que ela quisesse fazer ou visitar naquele país. Ela não soube responder. Na mesma noite, ao perceber que ele já estava dormindo ela resolveu tomar um banho quase meditativo. Chorou. Suas lágrimas eram a representação visível da consciência de sua identidade perdida. Ela nem mesmo sabia mais o que lhe agradava. Seu lado criativo e curioso haviam também se perdido e deixar com que Juan montasse toda a agenda da viagem era muito mais cômodo.

Mas os filhos haviam crescido. O mais velho estava estudando na Alemanha. Os gêmeos, mais novos, estavam cada vez mais ocupados com seus interesses diversos que pouco passavam pela companhia dos pais. A bela casa que havia construído e idealizado com Juan anos antes agora estava grande demais.

Anita também vivia naquela noite em Buenos Aires os seus dilemas profundos. "Quem sou eu como esposa? Do que eu ainda gosto? O que quero reinventar? Será que ainda me encontrarei? Há espaço para isso neste casamento"?

Amanheceu um dia frio na capital argentina, porém com um intenso sol. Por algum motivo Juan acordou empolgado e propôs que fossem tomar café da manhã em alguma cafeteria histórica da cidade. Dias antes ele havia lido na internet que por lá havia cafeterias centenárias, as quais serviram de berço para inspiração e criação do famoso tango argentino. Anita topou. Fazer algo fora do que estava previsto, naquela altura, poderia ser muito interessante.

Ao chegarem em uma das cafeterias recomendadas, pediram logo um tradicional mil-folhas de doce de leite.

Certa vez, alguns meses após sua festa de casamento, Juan decidiu que eles construiriam uma casa para eles. Não qualquer casa, mas a casa idealizada pelos dois. Tiveram muitos momentos divertidos e inspiradores conversando sobre como seria cada peça da casa. A expectativa era pensar naquele espaço como um lar. Brincavam, sonhavam e realizavam. Assim foi o processo de criação daquele imóvel, no qual moravam até hoje.

Certa noite, Anita chegou em casa cheia de ideias a respeito de como poderia ser a cozinha. Ela sempre acreditou que este era o espaço mais afetivo de um lar e ambos gostavam muito de cozinhar. Nessa mesma noite, ela se surpreendeu ao ver que Juan estava tentando fazer um bolo doce. Ela entrou na cozinha, guiada pelo cheiro agradável da tentativa dele. Tomou um susto ao ver o estado caótico de bagunça que ele havia promovido.

Ela pensou em fazer uma crítica, mas o lado brincalhão de Juan falou mais alto. Ele abraçou-a e lambuzou seu rosto com os ingredientes doces. Eles riram. Pareciam duas crianças se divertindo enquanto os pais não chegavam.

De volta a tradicional cafeteria, Anita segurou na mão de Juan e disse:

– Você lembra quando brincávamos de nos sujar?

– Claro que lembro. Como eu não sabia fazer doces servia pelo menos para nos divertir.

– Sabe... fui dormir com sua pergunta de ontem. E aqui agora me lembrei desses nossos outros momentos. Concordo com você. Nós paramos de brincar.

– Eu acordei mais empolgado, pois gostei muito do que falou antes de dormir. Você realmente não desistiu de mim?

– Eu nunca desisti de você. Eu desisti foi de mim.

Após uma longa conversa, optaram por voltar para casa. Quiseram encerrar a viagem. Eles precisavam deixar aquele como o último tango em Buenos Aires e voltaram para o lar que haviam deixado para trás. Essa busca por um novo momento no casamento fazia sentido em lugares que representassem suas origens.

Ao retornarem para o hotel, passaram pelas margens do Rio da Prata, cujo nome se deve aos índios que traziam prata decorrente de expedições; uma corrente que ficou famosa por transportar riquezas.

Acabaram conversando sobre quantas vezes temos fluxos de vida que carregam muito valor, mas que com o tempo deixamos de reconhecer. Provavelmente muitos argentinos nem sabiam por que o rio se chamava assim. Juan e Anita haviam parado de enxergar a prata que carregavam neles mesmos.

Sabiam que não voltariam àquela vida que tinham no início, mas estavam motivados a criar o segundo casamento de cada um, sem necessitar de nenhum tipo de ruptura. Eles haviam entrado juntos no ponto ágape. Neste caso um ponto de memória, com sentimento presente que gerava uma enorme fé no futuro. Queriam aproveitar a viagem de férias dos gêmeos e assim poderiam curtir a casa sozinhos. Já no avião, Juan prometeu que tentaria fazer um bolo, mas que como agora o casamento deles estava sendo alterado, a ideia não era servir para brincarem, mas, sim, para saborearem mesmo.

Depois de anos, naquela noite eles se conectaram pelo ponto ágape. Não havia a presença da poesia e da simplicidade; o ponto ágape não era um ponto de chegada, mas um novo ponto de partida. Eles precisavam iniciar novos diálogos, novas permissões. Eles precisavam viver novos sentimentos um pelo outro.

Decidiram fazer terapia de casal para contribuir na formação desses novos diálogos. No fundo, Anita queria poder voltar a se sentir desejada, e Juan queria poder voltar a desejar. Este foi o equilíbrio que os uniu no início daquela jornada e havia caído na rotina e no afastamento.

O processo de descoberta um do outro não se encerra pelos anos acumulados. Esta descoberta é à base de toda caminhada, e eles agora estavam, aos poucos, voltando a perceber a importância de manter essa conexão.

A vida sexual estava aos poucos voltando para novas revelações. Aprenderam que o tempo também havia permitido novas fantasias e que compartilhar era necessário.

Estavam aprendendo a falar menos "você não me ama" e mais "eu me sinto amado". Essa mudança no estilo de diálogo modificava a posição até então muito conhecida de ambos. A linguagem do amor muitas vezes precisa de legenda e, assim como outros casais, eles pararam de declarar seus sentimentos pela premissa de que, após tantos anos juntos, o outro percebia e reconhecia o sentimento vivido. Mas para quem quer voltar a se relacionar de uma forma que faça valer a pena todo o esforço, sabe que nada é mais necessário do que manifestar o amor de forma explícita, clara e profunda.

Treze meses depois, Anita estava sentada na sua sala de trabalho quando foi surpreendida por uma caixa que lhe estava sendo entregue. Abriu rapidamente com uma mistura de euforia e confusão. "É do Juan?", pensou ela. Na realidade, pelo tipo de laço que havia na caixa realmente deveria ser dele. Anita não tinha aberto espaço com nenhum outro homem para que àquela altura recebesse um presente de um admirador.

Dentro da caixa um vinho Tinto, Malbec, argentino. Junto dele um pequeno bilhete:

"Estou voltando a lhe descobrir. Mais um tango em Buenos Aires e nunca mais seremos os mesmos. Arrume as malas, partiremos em três dias."

A capital Argentina receberia novamente aquele casal. O objetivo desta vez era fazer jus ao nome da cidade e provocar bons ares para eles mesmos.

O ponto ágape havia comprovado sua existência mais uma vez.

Embarcaram naquele avião para viver uma nova lua de mel. Não era mais o mesmo casamento. Não eram mais os mesmos noivos. Mas o ponto ágape estava presente.

Gabriel Carneiro Costa

Observação comentada

O amor conjugal ainda é um dos mais difíceis de ser compreendido. Diferente do amor familiar, que é incondicional, o amor entre duas pessoas exige uma certa condição.

Por opção, eu e minha esposa casamos na igreja, na religião católica. Não tenho a menor intenção de criticar certas crenças, mas para mim nunca fez sentido responder ao padre se eu estaria disposto a afirmar que amaria minha esposa pelo resto de todos os dias da minha vida, na alegria ou na tristeza, na saúde ou na doença. Essa afirmação não é possível. A vida é incerta. Em minha opinião, a pergunta mais produtiva seria para questionar se os noivos estão presentes naquela escolha. Se for, de fato, aquilo que estão escolhendo, de coração. Se eles estão, naquele momento, dispostos a partilhar do desejo de uma união profunda. E, principalmente, se estão realmente dentro do espírito do amor ao tomarem aquela decisão.

Nos últimos anos, atendi diversos casais. Os problemas, de forma geral, são extremamente parecidos. Falta de dinheiro, chegada de filhos, excesso de trabalho, cumplicidade sexual e a chatice da rotina estão entre os mais presentes em todos os processos que desenvolvi. O mais interessante é que geralmente os casais não sabem quem querem ser. O homem não sabe responder que tipo de marido ele quer ser. A mulher não sabe responder que tipo de esposa quer ser. Ambos sabem na ponta da língua quem gostariam que o outro fosse. E não há mágica que eu, ou qualquer outra pessoa, possa realizar para transformar o parceiro (ou a parceira) naquilo que o outro quer. Esta precisa ser uma decisão individual. Podemos, sim, mudar baseados em estímulos, conversas e consciência ampliada a partir da fala do outro.

Mas a mudança sólida só ocorre quando ela faz parte da pessoa que queremos ser, independentemente do nosso par.

A mudança maior ocorre do processo individual para a construção do coletivo. Ainda vejo muitas pessoas acreditando que o caminho é o inverso deste. Não são felizes no seu casamento porque o casamento não atinge determinados interesses de vida. Mas escondem-se atrás desta comodidade e não refletem sobre si mesmos. O pior é que muitos casais ficam neste formato por anos. Às vezes, a vida inteira. Este se torna o jogo jogado, matando silenciosamente a personalidade de cada um.

Outro ponto extremamente necessário para uma vida conjugal satisfatória é a questão do sexo. Ainda pouco comentado, porém muito desejado. Homens e mulheres possuem desejos, às vezes diferentes, fantasias e idealizações a respeito deste tema.

Porém, antes de mais nada, é importante entender que sexo e amor são diferentes. Podem ou não andar juntos, e privilegiados são aqueles que usufruem de ambos na mesma relação. Mas são diferentes.

Sexo é algo mais egoísta, pois ocorre muito nas nossas mentes. Buscamos no outro uma forma de realizar aquilo que já pensamos e fantasiamos. Sexo é um momento. E com o passar do tempo, as questões sexuais impactam diretamente no estilo de vida de um casal. Muitas vezes o sexo é a porta de entrada para uma união. Duas pessoas experimentam momentos prazerosos em que ambos querem realizar as melhores performances possíveis justamente para satisfazerem o próprio ego e serem reconhecidos como bons de cama. Como todas as áreas da vida, o sexo também evolui. Com o tempo diminuímos a preocupação com a performance e realmente nos conectamos com a qualidade das práticas que vivemos. E ao pensar na qualidade, vamos aos pontos ampliando nossas fantasias e, assim, criamos novas possibilidades.

As fantasias sexuais podem ou não ser realizadas. São fantasias. E muitas delas quando deixam de ser fantasias são percebidas com menos valor. Afinal, a capacidade criativa da nossa mente torna uma noite de sexo bom algo tão idealizado que acaba nunca sendo realizado.

Hoje em dia homens e mulheres começam a pensar (e a agir) de forma mais parecida com relação a este tema. Não existe mais a figura clássica feminina, nem mesmo a clássica masculina. Portanto, prefiro pensar em estilo e perfil feminino e masculino, do que necessariamente gênero. O perfil feminino também já se encontra mais disponível a se permitir declarar suas vontades e poder realmente se satisfazer sexualmente. E isso assusta o perfil masculino que até então não precisava pensar neste outro lado.

Já o amor é algo muito maior. Seu prazo de duração é muito mais prolongado, afinal uma relação amorosa não se encerra de uma hora para outra. O amor tem uma ligação maior com admiração, vontade de estar junto, saudade, companheirismo e sensação de proteção. O amor, quando bem organizado, é muito protetor e será esta proteção que garantirá espaço para um diálogo mais aberto. Mas, ao mesmo tempo, é somente no diálogo que o amor pode ser mantido.

O amor é mais difícil de qualificar, explicar e materializar. O amor mais puro não tem uma explicação óbvia e mesmo assim muitos casais pedem um motivo real de serem amados. Quando temos um motivo definido, estamos criando uma condição refém deste motivo, pois uma vez que ele acabe, o amor acaba junto. Já quando amamos a pessoa sem uma explicação cartesiana, então temos um amor mais livre e com menos necessidade de algo específico que deva ser mantido.

Juan e Anita ainda nutriam um sentimento positivo entre eles. Muitos casais deixam este ponto passar e acabam chegando em um lugar de tanta escassez que encontrar o ponto ágape se torna quase utópico. Recordo de alguns casais que passaram pelo meu trabalho e, ao ouvir suas histórias, eu me perguntava onde foi que eles se perderam.

Hoje percebo que este, assim como o ágape, não é um ponto visível. Não é um episódio. É um processo, mas neste caso, para um desfecho desfavorável. Nenhum casal deixa de se amar e se valorizar em um momento curto na escala de tempo. É uma desconstrução tão lenta quanto à própria construção. O problema é que deixamos para agir como estes personagens espanhóis agiram. Não pensam. Não sentem. Não falam.

Assim como todos os personagens deste livro, há sempre alguma inspiração real para criá-los. Juan e Anita me lembram um casal com quem presenciei uma das sessões mais intensas, doloridas e libertadoras de toda minha carreira.

A minha cliente era ela, que buscou meu trabalho para uma reorganização na sua carreira. Sentia-se desmotivada e desorientada. Estava desempregada e por isso se culpava por não poder ajudar nos aspectos financeiros da casa. Tinha em sua mente uma imaginação de que seria possível uma vida perfeita e, portanto, era muito assustador para ela aprofundar qualquer imperfeição ao seu redor.

Após alguns encontros, meu objetivo era ir mais profundamente e encontrar a causa maior que a fez perder a empolgação e a confiança em si mesma. Por isso sugeri a presença do marido em, pelo menos, alguns encontros.

O mais marcante foi na segunda ida dele (acompanhado dela) até o meu escritório. Conversamos sobre algumas teorias de comportamento, algumas questões de educação emocional e não demorou para ela assumir que haviam coisas que a deixavam muito irritada. Mas como todo ambiente de permissão e proteção (que tento propiciar no meu trabalho), ela estava mais expansiva, deixando transbordar toda raiva e sensação de baixo valor. Chorou. Apertava os pulsos e falava de forma intensa. Era uma catarse necessária para melhor entendimento do que estava ocorrendo naquele momento. A mim só cabia manter aquele espaço protegido, deixando que ela chorasse o que fosse necessário.

O problema é que suas questões eram antigas. Duas situações delicadas em que o marido havia deixado espaço para dúvida ainda estavam presentes na sua mente. Não sei afirmar o que de fato ele fez ou deixou de fazer e nem era minha intenção tentar defendê-lo. Mas me parecia óbvio que ela estava cobrando uma conta antiga que agora, mais de dez anos depois, seria impagável. E, assim como aconteceu com Juan e Anita, toda vez que um dos dois tem a sensação de estar em dívida, o natural é que se recolha, se cale, se retraia. E este é justamente o início do fim.

Neste caso em específico, foi importante para eles um espaço e uma condução em que cada um pode expos o seu ponto de vista. Dar o devido tamanho aos problemas ocorridos e principalmente, zerar as contas antigas. Aliás, considero esse um dos piores erros de relacionamentos longos. O péssimo hábito de cobrar por erros cometidos lá atrás deixa as pessoas paralisadas.

Após a explosão que a esposa se permitiu, o marido também pôde comentar sua percepção e no meio a tanta dor, puderam os dois manifestar o carinho e o amor um pelo outro. Do pico de raiva ao ponto ágape.

Quinze dias depois do ocorrido, eles voltaram ao meu escritório relatando um novo formato de relacionamento entre eles. Ela ainda comentou que nunca havia acreditado que algo pudesse mudar de forma tão forte em tão pouco tempo. É essa força, que tem o amor como gatilho, que sempre me agarrei para ajudar nos processos de transformação com meus clientes.

Já na minha experiência específica, considero que esteja no meu quarto ou quinto casamento. Porém com a mesma esposa. Conhecemo-nos jovens e como amigos. Não considero esta uma fórmula de sucesso social, mas uma fórmula que deu certo para nós. De fato, os relacionamentos que iniciam pela amizade e depois se tornam casamentos têm uma característica interessante: justamente por ter uma amizade, as partes envolvidas costumam se expor mais, compartilhando seus defeitos, pois buscam no amigo a imagem daquele que irá compreender. Diferentemente da paquera entre duas pessoas que mal se conhecem, os amigos não precisam forçar uma imagem projetada de si, pois não estão jogando nenhum jogo de sedução. É uma relação mais amorosa do que romântica, enquanto no modelo de estarem iniciando um namoro ao mesmo tempo em que estão se conhecendo se trata mais de sedução do que amor. Afinal, amar a imagem projetada do outro nunca é muito duradouro.

A minha esposa foi na minha vida uma dos pontos ágapes mais importantes, e talvez a maior qualidade que ela teve a me oferecer em uma época frágil da minha vida foi justamente o estímulo a permissão para que eu fosse quem pretendia ser. Aliás, penso que seja um ponto forte em nós até hoje. A capacidade de permitirmos que o outro seja quem tenha vontade de ser. E isto faz com que estejamos juntos porque queremos e não porque precisamos em função de algo específico que possa nos prender. Não precisamos fugir para buscar a sensação de liberdade.

Mas também é óbvio que já tivemos muitas discussões e momentos mais tensos na nossa relação. Assim como para Juan e Anita, a chegada do nosso filho Eduardo exigiu uma nova postura como homem e mulher. Nosso filho foi muito bem recebido, de forma muito intensa, muito amorosa e ambos nos dedicamos muito a estarmos em família. Mas a parceria de casal sofre com isso. Porém, como muitas etapas ruins da vida, o dolorido não é passar por ela, mas, sim, ficar nela. O casal se afastar da condição de casal para se dedicar ao filho que chega não é ruim. Ruim é ir para este lugar e não sair mais dele.

Tudo aquilo que tentamos materializar e não permitimos que mude causa-nos dor. A consciência de que o "para sempre" sempre acaba é uma necessidade vital nas relações afetivas. O amor pode continuar existindo. A relação pode continuar existindo. Mas ela jamais será como um dia já foi. A forma que um dia funcionou não será a mesma que funcionará no futuro.

O casal que se frustra porque o casamento não é mais como era antes, está levando a vida com os olhos para o passado. O casal que fica na expectativa de que uma hora vai melhorar está vivendo no futuro. Já o casal que vive o que de melhor pode ser vivido hoje é aquele que vive no presente. Buscar o amor do passado é deixar de viver o amor possível no presente. Jamais será igual. É preferível deixar na memória, na lembrança positiva, do que tentar resgatar e acabar fazendo com que a própria história perca valor.

Não sou a favor da sentença do casamento eterno. Mas sou muito a favor de uma vida compartilhada, da união entre duas pessoas, do crescimento em conjunto e da intimidade que somente o amor propicia.

Nessas relações, o ponto ágape sempre estará por perto e é justamente a atenção e a busca pela sua presença que torna a vida a dois tão encantadora.

Use este espaço vazio para refletir seu momento de vida

Use este espaço vazio para refletir seu momento de vida

Use este espaço vazio para refletir seu momento de vida

Capítulo 3
Alguma coisa acontece em Cabo da Roca

Os pneus tocam o asfalto. O barulho assusta Eric, trazendo-o de volta ao plano real. Um francês de 35 anos acabava de aterrissar no Aeroporto da Portela, na cidade de Lisboa em Portugal pela primeira vez. Sua vida mudaria profundamente antes de voltar para este aeroporto, mas isso ele ainda não sabia.

Dois anos antes, Eric criara um aplicativo no mercado de tecnologia que gerou grande interesse do público e, por consequência, surgiram muitos usuários. Pouco depois de um ano com o aplicativo já rodando, ele vendeu a empresa por alguns milhões de dólares para um grande grupo americano. Eric estava rico, com a sensação de realização, porém em uma idade que percorrer os sonhos ainda era a força motriz.

Assim como a grande maioria da sua geração, Eric aprendeu que para algo ter valor na vida é necessário um grande esforço. Sem lágrimas e suor, a vitória não é merecida. Se algo foi rápido demais, é porque há alguma coisa errada. Se não sofreu, não aprendeu. Porém suas atitudes tinham justamente acabado de lhe provar o contrário. A sua empresa de tecnologia havia sido criada a partir de uma ideia maluca, ele não precisou sofrer e a velocidade de crescimento chegou a ser assustadora. Ele só precisou de uma coisa: fazer. Esta mesma geração da qual Eric faz parte é muito criativa, muitas ideias, porém pouca capacidade de realmente realizar. E ele não esperou que alguém, algum dia, fizesse por ele.

Agora, dois anos depois, ele estava colocando todo este rápido, porém importante, aprendizado sob análise.

Assim como muitas pessoas que tem mais perguntas do que respostas, ele procurou na espiritualidade uma forma de voltar a se conectar com novos objetivos de vida.

Eric saiu do avião, pegou sua bagagem e foi até o balcão para alugar um carro. Seu destino era Cascais, uma pequena cidade litorânea próxima a Lisboa. Optou por um carro conversível, pois assim lhe daria uma sensação maior de liberdade.

Dirigiu o carro pelas encantadoras estradas de Portugal. Passou rapidamente por Estoril, onde avistou um cassino muito imponente. Lembrou-se das vezes em que desconsiderou a importância do dinheiro. Não por jogar como diversão, mas aquele cassino ativou memórias de quando seu único compromisso era ganhar ainda mais dinheiro. Foram épocas importantes que levaram Eric até aquele momento de vida, mas ele não estava mais lá.

Ao chegar em Cascais, Eric se hospedou em uma simples pousada. A atendente era uma senhora muito simpática que puxou assunto querendo saber o que levava aquele jovem francês a se hospedar ali. O mais curioso é que Eric também não tinha esta resposta.

Durante um almoço em um dos restaurantes mais badalados de São Francisco, nos Estados Unidos, Eric estava finalizando a negociação de venda da sua empresa. Tudo indicava que o negócio estava concretizado e que ele receberia uma quantia muito elevada, porém precisaria abandonar a operação da empresa. Quem estava comprando era um famoso fundo de investimentos americanos e a exigência era poder assumir totalmente o controle do negócio.

Sob os olhos dos outros, Eric estava vivendo o auge da sua carreira. Seu negócio havia decolado no mundo inteiro e estava sendo vendido por um valor que lhe daria a liberdade de fazer o que quisesse para redefinir sua carreira. Mas isso era muito pesado.

Eric pediu licença. Foi até o banheiro. Entrou em um daqueles cubículos quase claustrofóbicos e chorou. No meio do choro uma sensação desagradável de má digestão tomou conta do seu corpo. Ajoelhou-se e vomitou. Levantou-se, lavou o rosto e olhou-se no espelho. Ele mesmo entendia muito pouco sobre o que estava correndo. Por um lado, vivia a emoção que a vitória profissional lhe propiciava naquele momento, por outro lado sentia que algo estranho estava acontecendo. Sentia que era muito jovem para se sentir sem chão, sem planos, sem saber o que fazer.

Sua vida dedicada à carreira deixou-lhe com poucos amigos. Tinha uma namorada muito recente com quem ainda não tinha tido a possibilidade de viver algo mais íntimo. Sentia-se sozinho naquele momento. Seu choro era de desespero por sentir que ao chegar lá, o lá já não mais existia. Ele estava conquistando, muito mais cedo do que poderia imaginar um nível de sucesso muito elevado. Mas aquilo não bastava. Sentia vazio. E o vazio era um espaço, naquele momento, necessário.

De volta ao quarto do pequeno hotel, Eric sentou na cama e reparou a simplicidade do ambiente. Eram quatro horas da tarde e ele tinha um compromisso em duas horas. Às seis da tarde encontraria pessoalmente uma pessoa que havia lhe aberto a cabeça para um outro propósito de vida, uma outra conexão.

A euforia desse encontro era tão grande quanto em outros momentos em sua intensa vida. Mas ele sabia que dessa vez seria um encontro mais marcante.

Olhou seu celular para ver se havia alguma mensagem nova daquele que ele optou por chamar de mestre. Não havia nada.

Tomou um banho, trocou de roupa e saiu para caminhar pelas belas calçadas de Cascais. O ponto de encontro seria em uma cafeteria em um centro comercial muito próximo à praia. Em parte por ansiedade, em parte por empolgação, Eric chegou quinze minutos antes. Sentou e apenas observou à sua volta. Turistas caminhavam. Pessoas conversavam. As árvores floridas da primavera balançavam emitindo um som confortante.

Em uma certa manhã, Eric já havia vendido sua empresa e estava tomando café em sua casa. A abundância de dinheiro e a ausência dos compromissos na empresa lhe permitiam muita flexibilidade de horários e de atividades. Mas naquela manhã ele pensava justamente o quanto tinha sido positivo no início. Ele saiu para viajar com sua namorada. Escolheram a Austrália e visitaram diversas cidades. Eric trocou de residência. Largou um apartamento em um lugar muito bem localizado em Paris por uma casa mais afastada. Comprou um Porsche, um antigo sonho de infância. Mas passado quase um ano da venda da empresa, todo esse estilo de vida baseado em compras, viagens, lazer e diversão estava começando a perder o sentido. Enquanto tomava aquele café intenso, curto e sem açúcar, pensava que precisava definir novos objetivos de vida. Um novo propósito. A vida é composta de diversos ciclos e um novo precisava ser aberto. Foi até o escritório e lembrou-se de um livro chamado *Uma vida com propósito*, de um autor brasileiro. Ele havia ganhado esse livro anos antes, de sua mãe, mas como de costume, caiu na prateleira e serviu de enfeite. Encontrou. Ao pegar na mão sentiu uma vibração no seu braço que passou despercebida pela sua maneira lógica de ver a vida.

Eric tinha o hábito de logo que recebia um livro ele assinava e colocava a data em que o tinha ganhado. Depois, aqueles poucos livros que lia até o final, ele assinalava no fim a data em que terminara de ler.

Ao abrir o livro, deparou com a data exata de um ano antes. Pensou que poderia ser um sinal de que ele precisava ler. Ele nunca foi adepto das interpretações de sinais e não se conectava muito nas questões ligadas à energia, mas no fundo, sempre houve uma crença de que algumas coisas não tinham explicação. Folheou o livro e abriu em uma página aleatoriamente. No centro dela, uma frase se destacava: "Muitas vezes, primeiro nos tornamos aquilo que os outros esperavam de nós para depois nos libertarmos na jornada de vivermos o nosso próprio destino." Fechou o livro. Tamanha coincidência chegava a ser assustadora. Vestiu sua roupa de treino, colocou uma música agitada no seu celular, pegou os fones de ouvido e saiu para correr. Era uma manhã com sol forte entre nuvens carregadas. Durante todo o seu percurso, Eric ficou refletindo sobre a frase do livro. Ele lembrou que na sua infância seus pais sempre haviam lhe incentivado a ser um homem típico de negócios e, obviamente, bem sucedido. A cada escolha e a cada passo em sua carreira, o reconhecimento era grande o bastante para servir de estímulo no seu caminho – caminho este que ele nunca questionou. Ele apenas caminhou. Eric sabia que seus pais faziam aquilo por amor. Queriam-lhe bem e realmente ficavam muito felizes e orgulhosos do seu crescimento profissional. Trabalhou em pequenas empresas, fez carreira executiva em multinacionais, montou dois negócios que deram errados – e esta última tentativa havia emplacado de uma forma a servir de chancela que comprovava que ele havia, de fato, se tornado um homem profissionalmente bem-sucedido.

Aquela frase do livro era instigante. Quase uma provocação para que ele agora partisse rumo à sua jornada pessoal. Aquela ideia o empolgava e algo dentro dele se manifestava favorável a iniciar este caminho. Aquilo parecia ser uma nova porta que se abria para, talvez, sua definição maior como ser humano.

Chegando de volta a sua casa, parou em uma pequena farmácia para comprar um analgésico. Aquela corrida tinha lhe deixado com uma leve dor de cabeça. Ao entrar, o balconista já conhecido o cumprimentou. Eric era cliente fixo daquela loja. Ele não suportava sentir dor e a qualquer menor sinal, sempre se medicava para assim poder seguir a diante. Pediu o remédio e o balconista entregou-lhe com uma pergunta:

– Não estamos aqui a toa, não é mesmo seu Eric?

– O quê?

– Toda hora lhe entrego remédios, e o senhor é um cara bem-sucedido, sai nos jornais, é uma referência para muita gente. Talvez este seja um dos meus sentidos de vida. Poder ajudar na dor de pessoas com missões maiores. Não acha?

Eric preferiu não responder. Silenciou. Pegou o remédio, pagou e saiu. Seria mesmo possível receber tantos sinais?

Sentado na cafeteria de Cascais, Eric reconheceu aquele senhor careca, de cavanhaque branco, caminhando e sorrindo em sua direção. Ele era o autor do livro que o havia instigado a ter um novo estilo de vida, uma nova filosofia que o estava guiando.

Paulo Kanin era um escritor brasileiro que havia optado por morar em Portugal há muitos anos. Cerca de dois meses antes deste encontro, recebera uma carta na sua residência, que ficava justamente em Cascais. Era uma carta escrita à mão, o que nos tempos atuais se tornara algo um pouco fora do usual. Na carta, um jovem empresário francês comentava o alto impacto que um dos seus livros havia causado na sua vida. Relatou-lhe que desde que ficou intencionado a ler a sua obra algumas coincidências começaram a surgir. Em um determinado momento do livro, Paulo Kanin indicava que não são os mestres que escolhem seus discípulos, mas, sim, o inverso. E este era o motivo da carta. O francês estava escrevendo com o atrevimento de pedir para que o escritor fosse para ele como um mestre em uma nova caminhada.

Não era a primeira vez que Paulo Kanin recebia esse tipo de mensagem. Mas era a primeira vez que ele se conectava, energicamente, com uma carta e por isso decidiu aceitar o desafio.

Como Eric havia posto seu e-mail na carta, o escritor lhe enviou um e-mail com poucas palavras:

"Olá, estranho Eric,

O efeito de um livro inicia no momento em que se decide lê-lo.

Aguardo você daqui exatos trintas dias às 18h00 na cafeteria Duna da Cresmina, em Cascais, Portugal".

Paulo Kanin havia aprendido a seguir sua intuição. Foi justamente por isso que ele respondeu assim. Sabia que a grande maioria das pessoas não conseguiria se organizar para estar naquela cafeteria em um mês, e desta forma aquele desafio seria um teste que ele estava enviando ao universo. Caso o encontro realmente acontecesse, ele daria sequência a esse desafio de ocupar a posição de mestre para outra pessoa.

Logo depois de enviar o e-mail, em menos de trinta minutos, ele recebeu a resposta:

"Olá, Paulo Kanin,
Não esperava que fosse mesmo me responder.
Estarei lá".

O escritor se surpreendeu e ao mesmo tempo se empolgou. Ele havia vendido mais de cem milhões de cópias no mundo todo, tinha mais de vinte livros publicados em diversos idiomas, e fazia tempo que não se sentia desafiado a algo tão real. Aquele jovem francês queria mesmo ser seu discípulo.

Entrou na internet e resolveu pesquisar o nome de Eric. Descobriu boa parte de sua trajetória visto que, na época da venda da empresa, muitas notícias foram veiculadas na imprensa internacional. Ele fixou o rosto de Eric para que pudesse reconhecê-lo no dia do encontro.

Naquele café, começaria algo novo para os dois. De um lado, um discípulo que respeita e admira seu mestre, sedento por sábias palavras e reflexões profundas. De outro, um homem disposto a ocupar a posição de mestre, sendo desafiado a cumprir muito mais com as expectativas de seu discípulo do que com sua própria vaidade.

Eric e Paulo Kanin olharam-se. Sorriram um para o outro. Ambos estavam felizes com o encontro. E ambos estavam ansiosos.

– Que honra conhecer o senhor.

Disse Eric a Paulo Kanin.

– A honra é toda minha, Eric. Fiquei admirado ao pesquisar sua história.

– É mesmo? O senhor me pesquisou?

– Claro. Mas só depois que me respondeu. Queria conhecer melhor quem era a pessoa que estava disposta a se entregar ao desconhecido.

– Nossa... Tê-lo como mestre será a coisa mais empolgante da minha vida.

– Não me coloque neste lugar, Eric. Eu não vou aguentar e você vai se machucar. Sou uma pessoa normal, vivo os mesmos dilemas assim como você. Esta nossa relação será uma troca.

– É que seu livro realmente mexeu comigo.

– Fico muito feliz, isso alimenta a minha jornada. Mas quero lhe propor um pensamento... Você acredita em Deus?

Silêncio. Eric precisava de alguns segundos para responder. Tomou seu café, olhou na direção do mar, e respondeu:

– Não sei. Não me ocorre outra resposta a não ser a mais verdadeira possível.

– Muito bom, Eric. A consciência presente é o que temos de maior. Foco no aqui e agora. Viver o que estamos vivendo.

– Exato. Minha resposta sobre Deus é: não sei. Acredito que deva existir algo. Mas nunca me conectei e nunca me peguei, de fato, acreditando em algo significativo. Mas por que a sua pergunta?

– Porque acredito que mestre é somente Ele. O resto são sinais, e as pessoas são mestres apenas por um momento. Mestre pode ser um vizinho que fez a pergunta certa na hora certa e nada mais. Mestre poder ser um amigo com quem você conviveu por alguns anos, cuja relação foi muito importante para tomadas de decisão, mas que hoje nem se falam mais. Mestres de momentos e de situações entende?

– Sempre me senti mal pelos amigos que deixei pelo caminho. Nunca pensei desta forma.

– O que você viveu com seus amigos permanece lá. O que não permanece mais lá é você. O convívio acabou, mas isso não tira valor do que foi vivido. Entende?

— E esses amigos podem ter sido meus mestres?

— Provavelmente foram. Como você também foi para eles. Mestre não é uma posição. Mestre é simplesmente alguém que lhe ajuda a guiar a sua própria vida. O que ocorre é que, às vezes, as pessoas buscam mestres que ocuparão este lugar socialmente...

— É isto que me fez vir aqui.

— Mas você não está diante de Deus, Eric. Você está diante do Paulo Kanin.

— Eu sei. Mas o senhor é um dos escritores mais famosos do mundo.

— E o que isso muda aqui? Aqui é aqui mesmo. Neste café. O que eu fui muda o quê? Você não veio se relacionar com quem eu fui. Você veio conversar com quem eu sou. E aqui somos iguais. Entende?

— Entendo. Preciso pensar, mas entendo.

Paulo Kanin posiciona a cadeira em uma direção específica. Aponta o dedo e comenta:

— Olhe nesta direção, Eric. Veja o mar.

— É lindo.

— Sim... é lindo. Mas quero lhe mostrar uma coisa. Em torno de quinze quilômetros para frente, nesta direção, fica um lugar chamado Cabo da Roca. Já ouviu falar?

— Não.

— Cabo da Roca é o ponto mais ocidental de toda Europa. Na época dos navegadores que estavam desbravando o mundo, eles navegavam se guiando apenas pela costa. Precisavam navegar sempre visualizando a orla das praias para manter uma posição segura. Porém quando chegavam em Cabo da Roca eles precisavam tomar uma decisão.

Neste instante Paulo Kanin silencia. Faz um sinal ao garçom e pede um chá verde.

– Você já tomou chá verde, Eric?

– Sim. Eu gosto muito. Conheci viajando e acabei apaixonado por esse chá.

– Me acompanha?

– Claro.

Paulo Kanin fez um sinal ao garçom para trazer duas xícaras.

– Você sabia que foi Portugal que introduziu o chá na Europa?

– Sempre achei que tivessem sido os britânicos.

– Foi na Inglaterra que o chá ficou famoso. Inclusive quem levou a ideia do "chá das cinco" para lá foi uma princesa portuguesa que casou com um nobre inglês.

– Muito interessante.

– E você sabe qual o propósito de tomarmos agora um chá verde?

– Não sei. Mas algo me diz que vou me surpreender com sua resposta.

– Bom... Eu sou fã de Portugal. E fica na região dos Açores a maior produção de chá verde do mundo. Mas o que mais me encanta mesmo nesta bebida é o fato de ser um grande antioxidante que retarda o envelhecimento. Apenas quem vive tem prazer em tomá-lo.

– Quem vive?

– Sim. Veja ao seu redor. A maioria das pessoas apenas sobrevive. E há uma imensa diferença. Viver e sobreviver. Já percebeu isto?

– Ah, sim... É verdade. Mas eu sempre vivi.

– Consigo acreditar. E digo isto porque você realizou. Somente quem vive é quem realiza. E não me refiro à grandeza. Me refiro a ir em busca do que se quer. Isto é viver.

Em meio ao silêncio da reflexão, o garçom trouxe as duas xícaras de chá. Eric pingou duas gotas de adoçante e ao levar a boca, Paulo Kanin interrompeu:

– Espere.

Eric parou. Colocou de volta a xícara no pires.

– Você precisa viver o aqui e agora. Sinta o cheiro.

O escritor colocou a xícara na altura do nariz. Eric imitou.

– É mesmo um bom aroma.

– Mas a sua xícara já não tem mais o aroma natural. Você colocou adoçante.

– É um velho hábito...

– Mas já provou chá verde sem adoçante?

– Não me lembro, mas acho que não.

– Eu o convido a provar a vida ao natural, Eric. Deixe os adoçantes para adoçar aquilo que o sabor não lhe agrada. Mas primeiro experimente. Cheire. Veja a cor. Tome... Pegue a minha xícara.

Eric então pegou sua xícara, sentiu o aroma, viu a cor e provou. Não era o sabor que estava acostumado, mas também não era ruim.

– Dá para tomar assim.

– Então não precisa adoçar. Faça disto um novo hábito e em breve não pensará mais em colocar adoçante.

– Não sei parar para apreciar a vida, Paulo.

– Sabe, sim. Talvez não saiba é parar para apreciar a vida que você, no fundo, deseja.

– É uma boa resposta.

Paulo Kanin colocou de lado a xícara adoçada e ficou apenas observando aquele jovem, ansioso pela vida, beber lentamente aquela bebida quase mística para ele.

– Mas, Paulo, você estava me contando algo sobre Cabo da Roca.

– Ah, sim... Bom, como estava falando, os antigos navegadores, ao chegarem em Cabo da Roca precisavam tomar uma decisão. Eles tinham que optar por parar a viagem, retornar pelo caminho já conhecido ou então seguir adiante, rumo ao desconhecido.

Novamente o silêncio era rompido apenas pelo som da xícara sobre o pires. Eric fixou o olhar em um ponto distante, no meio do oceano. Era como se tentasse se transportar àquela época e entender o dilema vivido pelos navegadores.

– Sabe, Eric... Eu acredito que a maioria dos navegadores desistia. Navegar rumo ao desconhecido requer muita coragem. Além disso, daqueles poucos que assim o fizeram, provavelmente muitos morreram sem nunca saber para onde estavam indo. Mas aqueles poucos que descobriram um novo mundo, uma nova crença a respeito do planeta, fizeram valer a pena o medo de encarar o incerto.

– Sou um navegador, Paulo...

– Eu acredito, Eric. Eu li sua história. A questão é que temos inúmeros Cabos de Roca ao longo da nossa vida. E inúmeras vezes precisamos tomar esta decisão. Você veio me procurar, e quero lhe propor que tome a decisão se realmente quer navegar o seu próprio desconhecido.

– O que de ruim eu posso encontrar?

– Não sei. É seu caminho. Pode haver algo ruim?

Eric estava sentado na sua sala de estar quando terminou de ler *Uma vida com propósito*. Era madrugada. Pela janela, algumas árvores balançavam em uma noite fria de lua cheia.

Ele sabia que precisava se livrar de todos seus excessos. Era preciso renascer e uma nova vida não se faz com crenças e hábitos velhos. Para obter mudanças, era preciso mudar.

No seu quarto dormia sua namorada. Ele não tinha nenhum sentimento realmente afetivo por ela. Foi um namoro por oportunidade e ela lhe dava a companhia para certos momentos e uma boa vida sexual. Nada, além disso. Aquela relação era um excesso para quem procurava viver um amor maior.

No dia seguinte, resolveu começar a mudança. Ele precisava esvaziar para seguir em frente.

Três meses depois, Eric já havia encerrado o namoro, vendido dois dos seus três carros, doado muito de suas roupas e acessórios e vendido sua casa de praia à qual só havia ido duas vezes.

O livro de Paulo Kanin o levava a pensar, mas era algo profundamente interno que o fazia agir. Ele sabia que nem todos os leitores daquele livro saiam para mudar suas vidas, mas para ele, aquela leitura havia sido uma excelente combinação que estava lhe provocando uma mudança real.

Depois de anos correndo atrás do dinheiro, Eric aprendeu que a situação financeira de uma pessoa influencia sua felicidade até um limite. Lembrava das inúmeras vezes que não conseguia dormir pensando nas dívidas. Mas depois de um certo ponto, ter dinheiro acumulado era um excesso que pouco impactava na sua felicidade. Ter um carro enquanto andava a pé era algo que lhe permitia uma vida mais convidativa à felicidade. Não que o carro lhe garantisse felicidade, mas ele sabia que aquela mudança aumentava a possibilidade de estar mais feliz, afinal o cenário em que estamos facilita ou dificulta o estado de espírito. Porém trocar seu carro por um carro de alto luxo impactou muito pouco sua vida. Tão pouco, que o prazer dos carros de luxo que teve nos últimos anos foram prazeres muito efêmeros. Sair da sua casa própria para uma casa de alto padrão em Paris mudou pouco. Trocar suas roupas por aquelas que estampavam marcas, impactou pouco. Sair para jantar apenas em restaurantes premiados, impactou pouco. E esta sequência foi tão grande que Eric já havia perdido a noção do que realmente lhe impactava.

Após esvaziar seus excessos, era hora de dar um passo adiante. Pesquisou na internet o endereço do escritório do autor do livro que lhe despertou e resolveu se concentrar para escrever uma carta de próprio punho.

– O que você espera de um mestre, Eric?

Perguntou Paulo Kanin enquanto pedia ao garçom uma nova xícara de chá verde para que ele pudesse tomar.

– Estes poucos minutos estão sendo repletos de aprendizados.

– Quem bom. Fico feliz que seu esforço para estar aqui esteja valendo a pena.

– Já valeu muito.

– Na verdade, tudo que você já viveu valeu muito a pena. Foi o que o trouxe até aqui. Não foi o avião, ou o carro, ou algo assim que o trouxe aqui. Foram seus trinta e cinco anos que o conduziram para esta conversa.

– Como sabe minha idade?

– Está no seu perfil nas redes sociais, Eric.

Ele deu uma risada longa. A sua mente ainda colocava Paulo Kanin em uma posição superior que lhe fazia imaginar que algo mágico ocorria para ele descobrir sua idade, esquecendo que a fonte poderia ser a própria internet. Simples assim.

– Veja. Não pense que sou algum guru espiritual. Pesquiso coisas na internet como qualquer outra pessoa.

– Lógico, Paulo. Minha mente que fantasia muito.

– A minha também.

Encerraram aquele encontro. Paulo Kanin convidou Eric para se encontrarem novamente no outro dia, exatamente no farol de Cabo da Roca.

Despediram-se e Eric voltou para a pousada pensativo sobre toda a conversa. A consciência de que os seus trinta e cinco anos eram os responsáveis por aquele momento lhe fazia muito bem. Ele sentia naquele momento o início do ponto ágape. Um amor pela sua trajetória. Um amor pelas suas conquistas. E um amor profundo pela sua coragem de ir além.

Na manhã seguinte, Eric percebeu que o próprio carro que ele havia alugado tinha perdido sentido. Não que houvesse deixado de gostar de carros esportivos e conversíveis, mas seu momento era mais sensível e profundo. Era necessário uma conexão maior com seu interior e ele já havia ganhado dinheiro suficiente para entender que certos prazeres são ótimos justamente como prazeres, luxo e sensação de realização, mas que afastavam dos momentos de profunda reflexão interna. Seus maiores momentos de contato com seus reais propósitos nunca haviam sido simultâneos com momentos de conexões materiais. Eram energias e objetivos diferentes. Ambos tinham valor, mas naquela viagem o seu propósito era a conexão interna.

Pediu para a locadora buscar o carro na pousada. A senhora, proprietária daquele local, novamente muito simpática, sentada na recepção voltou a puxar assunto:

– O que faz um jovem francês de carro chique vir a Portugal? O que lhe trouxe aqui?

Eric sorriu. Pensou que a sua trajetória havia lhe levado lá. Não havia sido um ponto ou objetivo específico, mas a sua própria caminhada. Mas pensou que ela não entenderia.

– Vim encontrar um sábio amigo.

– Um amigo português?

— Na realidade ele é brasileiro, mas mora aqui em Cascais há muitos anos.

— Aqui, vivem muitos brasileiros mesmo. Deve ser pela língua. Você conhece o escritor Paulo Kanin?

— Sim, foi com ele que vim me encontrar.

— Não acredito. Você é amigo do Paulo Kanin?

— Não sei se somos mesmo amigos. Mas vim aqui para me encontrar com ele.

— Já se encontraram?

— Ontem tomamos um chá juntos e logo mais estou indo me encontrar com ele novamente.

— Nossa! Além de ser jovem, bonito, educado, que anda de carro conversível, é amigo do Paulo Kanin...

— Não me idealize! Sou um hóspede como qualquer outro.

— Como qualquer outro não, mas tudo bem...

Menos de vinte e quatro horas depois Eric estava experimentando a sensação inversa do que havia feito com Paulo Kanin no dia anterior. Ao sair da pousada ficou pensativo sobre o quanto o processo de idealização é ruim para quem idealiza e para quem é idealizado. Ontem ele estava colocando o escritor em uma posição de superioridade. Hoje, ele havia sido posto lá. Fluxo da vida.

Como já havia se informado logo cedo pela internet, ele se deslocou até o terminal de ônibus de Cascais e tomou a linha 403. Entrou e pegou logo o primeiro assento livre. Ficou pensando no número da linha e enquanto espera o ônibus partir resolveu pesquisar a numerologia do 403. Sua soma dá o número sete. Para sua surpresa, o primeiro link que encontrou definia o número sete como o número mais místico de todos. O número que representava o processo de passagem do conhecido para o desconhecido. E isso lhe fazia total sentido. Desligou seu aparelho celular e se conectou com aquele momento.

Trinta minutos depois ele desceu em Cabo da Roca. Percorreu mais um trecho a pé até chegar no histórico farol. Ventava forte. Apenas alguns poucos turistas por ali.

Ao entrar naquele local observou uma pequena torre de pedra com uma cruz no topo. Lembrou que a cruz era um objeto sagrado em diversas religiões ao mesmo tempo em que se dava conta que era um objeto que representava sofrimento. Independentemente de suas crenças, todas as culturas que valorizam a cruz, fazem isto em função da dor e da morte de Jesus Cristo. Com um olhar fixo e profundo naquelas duas linhas de pedra que se cruzavam ele ficou refletindo se não faria mais sentido, pelo menos para ele, venerar objetos que poderiam representar as belas atitudes que Jesus Cristo havia feito em vida. "O maior valor de um homem não pode estar no seu momento de mais sofrimento e de morte", pensava Eric em voz alta ao relacionar com a cultura familiar de sua origem, que sempre valorizou o esforço de forma demasiada. Deu uma pequena risada ao também lembrar de outra famosa imagem de Jesus Cristo junto com amigos, bebendo e comendo, disseminando o bem entre aquelas pessoas e compartilhando o que tinha de melhor. A imagem da Santa Ceia lhe fazia mais sentido. E com toda humildade possível, ele queria mudar o rumo da sua vida e estar muito mais vivo em momentos que lembrasse a energia vivida na Santa Ceia do que a energia vivida na cruz. Era sua opção. Seu caminho sem julgamentos. Era apenas um novo ponto ágape se abrindo para a espiritualidade.

Continuou caminhando para se aproximar da torre de pedra e viu uma placa de concreto na sua base:

"Cabo da Roca
'Aqui onde a terra se acaba e o mar começa' (Camões)
Ponta mais ocidental do continente europeu"

Pegou um pequeno folheto turístico que estava à disposição e descobriu outras informações. Aquele farol havia começado suas atividades em 1772, a pedido do Marquês de Pombal e o alcance de sua luz é de, aproximadamente, 48 quilômetros.

Quantas vezes a sensação de estarmos em terra firme acabou e foi preciso iniciar uma navegação? Quantas vezes seu farol iluminou apenas uma parte do caminho, sem lhe dar a certeza do que encontraria?

Caminhou mais um pouco e contemplou aquela visão do oceano Atlântico que era de tirar o fôlego. Aquele momento era como se a natureza e a história da humanidade estivessem juntas proporcionando um sentimento único. Um ponto ágape por estar vivo. Um ponto ágape pela coragem que nossos antepassados tiveram em desbravar e descobrir como é o nosso planeta.

Como poderia ele ter medo de algo tão insignificante para a humanidade perto de tudo o que esses antigos navegadores passaram? Esta era uma reflexão marcante e muito presente naqueles minutos de total silêncio e observação. Eric escutava apenas o barulho do vento forte e de longe o som das águas em movimento.

Naquela manhã, Paulo Kanin acordou cedo. Repetiu seu hábito diário de caminhar durante uma hora. Tomou um longo banho e se preparou para ir ao encontro de Eric.

Naquele dia ele ia deixar de praticar um dos seus principais *hobbies*, o golfe. Com muita frequência ia até o famoso campo de golfe Quinta da Marinha, localizado entre Cascais e Cabo da Roca. Um lugar muito bonito, com natureza marcante. De um lado estava a serra de Sintra e de outro o oceano atlântico. Por ser um esporte muito apreciado pelos portugueses, com enorme quantidade de campos por todo país, Paulo Kanin acabou gostando da prática. Para ele aquele esporte era uma conexão com o silêncio, com a natureza e com o equilíbrio interno. O golfe é um dos poucos esportes em que os praticantes não dividem a mesma bola. Assim como a vida, trata-se de um jogo muito mais interno. O jogador é desafiado a melhorar a sua própria *performance*, independentemente do resultado que outros jogadores possam ter. Com o tempo ele pôde entender que o golfe era um esporte muito sensível à sua energia presente, e isso lhe encantou. Muitas vezes, preferia jogar sozinho como uma forma quase meditativa. Durante o movimento da tacada, é necessária alta concentração, um movimento lento de retração e, na sequência, a liberação de uma grande potência de energia. Essa combinação lhe encantava muito. Fazia-o pensar nas diversas associações com a vida. Ao escrever um livro, por exemplo, ele tinha uma fase de muita concentração para pensar nas ideias e no roteiro, uma fase de retração em que ele ficava mais recluso e dedicado à escrita em si e uma fase de liberação de potência quando estava prestes a lançar sua obra ao grande público. Além disto, o golfe o ajudava a exercitar a capacidade de viver o tempo extremamente presente. Para ir bem no campo é necessário colocar muito mais energia na próxima tacada do que visualizar a bandeira. É importante conseguir enxergar de forma detalhada onde o jogador se encontra naquele exato momento. A posição da bola, o tipo de solo em que se encontra, a distância que está da bandeira, a influência do vento. Apenas estando presente é que se torna possível fazer a avaliação correta e, assim, realizar a tacada ideal. O golfe era para Paulo Kanin sua inspiração, seu relaxamento, seu condicionamento físico e seu contato frequente com a natureza. Mas naquele dia ele estava disposto a abrir mão desse hábito para honrar um novo compromisso.

Mesmo com milhões de leitores pelo mundo, aquele francês havia instigado Paulo Kanin a buscar algo novo no seu interior. Era necessário realizar uma responsável reflexão sobre o que ele poderia convidar Eric a descobrir. Paulo Kanin sabia que não poderia caminhar por aquele jovem leitor, mas ao mesmo tempo queria poder fixar ali uma relação mais profunda. Ele sempre entendeu que um livro era maior do que o autor, mas desta vez esta lógica estava sendo invertida. Para Eric, que havia lido apenas um dos seus livros, a sua pessoa e sua visão do mundo tinham mais valores naquele momento do que todas as palavras que foram escritas por ele até hoje. E esse sentimento era uma mistura de orgulho, compromisso, expectativa e cobrança interna.

Mesmo tendo muito dinheiro, Paulo Kanin não gostava de certos luxos. Ele preferia dirigir seu próprio carro e naquele dia foi até Cabo da Roca refletindo suas próprias questões. Tinha a clareza de que somente uma pessoa incansável de suas próprias viagens internas poderia estimular isso nos outros.

Ao chegar no farol de Cabo da Roca, Paulo Kanin avistou Eric sentado sobre uma pedra.

– Muito bom dia, Eric. Chegou mais cedo?

– Bom dia! Resolvi vir mais cedo, sim. Vim de ônibus e então preferi vir com tempo. Este lugar é muito lindo.

– Sim, é inspirador. Consegue imaginar os navegadores tendo que tomar uma decisão importante para suas vidas aqui neste ponto?

– Sim... Na realidade, fiquei pensando sobre o que é destino em nossas vidas. Estar aqui com você era meu destino?

– Você se refere a questões espirituais?

– Exato.

– Difícil responder. Ninguém nunca voltou de lá para nos contar como é. Mas tenho um ponto de vista muito particular sobre isso.

– Adoro ouvir seus pontos de vista particulares.

Paulo Kanin sentou-se ao seu lado. Sentiu o vento forte característico daquele ponto tocar seu corpo.

– Se você relaxar muito o corpo, com este vento todo, a tendência é que você acabe deitado, concorda?

– Sim, provavelmente. O vento é forte mesmo.

– Então existe uma decisão sua de se manter sentado mesmo com a força do vento sobre você, concorda?

– Sim, concordo.

– É isso, Eric. O vento é destino, ficar firme diante dele é livre-arbítrio. Entende?

– Eu posso escolher como reagir com o vento.

– Exatamente. A decisão é sua. Sobre muitas coisas na vida nós não temos nenhum controle direto. A vida nos surpreende e nos desafia. Porém a forma como trataremos isso é totalmente individual a partir de um ponto de decisão. Por isso, a importância de amarmos mais a nossa própria jornada vivida. Isso não representa ausência de dor, fracassos e arrependimentos. Mas entender que foram as somas de diversas e diversas escolhas que nos trouxe aqui. Aliás, as escolhas que fizemos e as escolhas que não fizemos. Também tem muito valor reconhecer nossas renúncias pelo caminho. Isso é livre. Não acredito que seja destino. Entende?

– Entendo... Você sempre está preocupado que eu entenda?

– Por que diz isto?

– Porque sempre pergunta no final se eu entendi.

Paulo Kanin fica pensativo com um sorriso simpático no seu rosto.

– Deve ser a minha preocupação se minhas ideias estão claras para você.

– Estão muito claras. Dormi pouco esta noite. É incrível como certas palavras e certas vivências alteram nossa percepção da vida. E ainda pensar que tudo isso começou quando resolvi ler seu livro.

– Então, Eric... O livro chegar em suas mãos é destino. Mas foi você quem escolheu ler. Foi você quem escolheu refletir. E foi você quem resolveu mudar.

– Mas o livro é muito provocativo.

– Você sabe quantas cópias eu vendi deste livro?

– Em torno de cinquenta milhões, é isso?

– Exato. Alguns estudos apontam que um livro é lido, em média, por três pessoas diferentes. Ou seja, aproximadamente cento e cinquenta milhões de pessoas leram. Você acha que todas estas pessoas mudaram suas vidas? Você acha que este poder é meu?

– É meu.

– Você decidiu se enxergar em um ponto igual a Cabo da Roca, e você decidiu partir ao desconhecido. Você é o exemplo vivo de um leitor que me encoraja a seguir escrevendo.

Eric se levantou. Saiu silenciosamente caminhando em direção ao ponto alto onde se enxerga as ondas batendo nas pedras. Ficou ali parado por alguns minutos.

Um pouco distante Paulo Kanin apenas observava. Ele sabia que Eric estava tocando um importante ponto ágape. No seu ponto de vista, nem sempre o ponto ágape era algo composto apenas de energias positivas. Junto com a potência do amor, poderia haver dor, confusão e medo. Mas ao lidar com essas emoções, o amor era liberado. Por isso preferiu deixar Eric sozinho.

Dois dias antes, o jovem francês estava em um avião rumo a Lisboa. Ele encontraria o escritor do livro que lhe moveu para um novo momento de vida.

Com a poltrona reclinada, Eric escutava músicas de meditação pelos fones de ouvido de forma a ficar desconectado de tudo e de todos. Ele estava em busca de um novo propósito. Fazer uma empresa prosperar, ganhar dinheiro e ser reconhecido como empresário já não lhe nutriam mais. Pensava que poderia utilizar suas habilidades para algo maior. Queria poder impactar mais pessoas da mesma forma que se sentiu impactado pela obra de Paulo Kanin. No fundo, Eric queria ajudar a construir uma nova geração. Ele queria poder dizer aos jovens empresários que mais importante do que o dinheiro que eles possam vir a ganhar, é a pessoa que eles vão se tornar ao longo deste caminho. E que estes jovens não poderiam deixar de olhar para quem estavam sendo, pois ele viu muita gente se perder pela estrada rumo à riqueza. Para Eric, a elite mundial era muito pobre, ao mesmo tempo em que reconhecia todos os privilégios e momentos agradáveis que seu dinheiro havia lhe proporcionado. Mas para ele a vida era muito maior do que fazer um negócio dar certo. Ele ainda não sabia o que faria da sua vida, mas estava disposto a encontrar estas respostas.

Como de surpresa, os pneus tocam o asfalto.

Longos minutos depois Eric retorna até Paulo Kanin:

– E o que eu preciso fazer, Paulo?

– Encontrar sua pérola.

– Pérola?

– Sim. Toda ferida e toda dor podem se transformar em pérola. Novamente podemos pensar que a dor é destino, mas transformá-la em pérola é escolha. O que mais lhe dói neste momento, Eric?

– O que mais me dói? Tudo me dói.

Respondeu Eric em tom mais agressivo e elevado. Prosseguiu falando:

– Mesmo tendo muito dinheiro na conta, mesmo tendo meu nome nas principais revistas empresariais do mundo, tudo dói... Tudo!!! No fundo, eu não tenho nada.

– Você tem sua história. Você tem suas escolhas. E principalmente, você tem a coragem de estar aqui me dizendo isto tudo.

– Mas faço o que com isto Paulo?

Eric seguia em tom agressivo. Outros turistas que passavam de longe observavam a cena que mais parecia dois homens discutindo. Paulo Kanin sempre ia a lugares públicos de chapéu e óculos escuros para ficar mais reservado. Por isso a cena que ali ocorria chamava a atenção mesmo sem poder reconhecer quem estava ali.

– Encontro você aqui no fim da tarde, Eric. O pôr do sol é lindo por aqui e você agora precisa ficar sozinho.

– Na hora que eu o aperto nas perguntas você vai embora?

– Até mais tarde, Eric.

Paulo Kanin levantou e caminhou em direção à saída daquele local mesmo com o francês seguindo a falar. Ele sabia que para acessar um ponto ágape, muitas vezes é necessário passar por uma catarse e liberar muita potência em forma de raiva ou dor.

Em uma noite que Eric não conseguia dormir, ele decidiu ir para a pequena sala de um apartamento alugado no centro de Paris. Abriu seu computador e começou a projetar seu fluxo financeiro. Ele estava cercado de dívidas. Seu negócio não ia bem. Morava sozinho, e sua única companhia naquela noite era um copo de whisky. Exausto do trabalho, sentia um forte frio na barriga. Sua ansiedade era fruto da consciência de que as entradas previstas de dinheiro não cobririam todas as despesas dos próximos meses. Ele estava tecnicamente quebrado. Uma sensação de fracasso percorria seu corpo inteiro.

Fechou o computador e foi até a janela. Nó na garanta. Silêncio.

Uma forte dor no estômago lhe surgiu. Correu para o banheiro e vomitou repetidas vezes. Sentou no chão e chorou. Era uma mistura de raiva e medo. Em toda sua trajetória nunca havia cogitado que chegaria a este ponto. Sentia-se muito inferior. Mas a raiva lhe moveu a seguir em frente. Ele levantou e, enquanto socava as paredes, afirmava para si mesmo que nunca mais passaria por essa situação. No momento de dor, chamava por Deus como uma espécie de diálogo provocativo. Passava-lhe pela mente que Deus o estaria testando e resolveu comprar aquela possível briga.

Aquele momento de muita energia tinha sido marcante na sua carreira. Dois anos depois ele estava sentado na mesa de um importante restaurante de São Francisco, nos Estados Unidos, fechando a venda milionária de sua empresa.

Eric sabia que os momentos intensos de energia, mesmo que doloridos, eram momentos importantes para seguir adiante. O que ele ainda não tinha aprendido é que também se tratava de um ponto ágape. O amor pela coragem em si mesmo.

Eric ficou incomodado com a forma com que Paulo Kanin lhe virara as costas. Correu até ele e falou em tom questionador:

– Pensei que fosse me ajudar a encontrar o meu lugar.

– Não se trata de encontrar um lugar, Eric. A graça não está na chegada, a graça está no caminho. Curta o seu caminho, meu jovem rapaz.

Eric ficou cabisbaixo. Diminuiu sua raiva e apenas ficou parado. Paulo Kanin seguiu a lhe falar:

– Tire algumas horas. Faça um lanche por aqui mesmo. Eu volto no fim do dia e veremos o pôr do sol juntos. Você precisa disso, entende?

O francês sorriu por novamente ouvir Paulo falando "entende?". Balançou a cabeça de forma afirmativa e se afastou.

Ele voltou a sentar sob as pedras.

Por algum motivo lembrou de uma curiosidade que havia aprendido alguns meses antes ao atender um grande cliente que trabalha no mercado de etiquetas de código de barras. Eric sempre pensou que o leitor de código de barras captava os traços pretos. Porém descobriu, de forma surpreendente, que o que o leitor capta são os espaços em branco. Isso o fez pensar naquele momento que eram justamente os espaços vazios os que mais tinham valor. Talvez fosse isso que Paulo Kanin estivesse lhe propondo para aquela tarde. Um momento de vazio.

Resolveu ir até a lanchonete que há junto do farol e pediu um chá verde. Naquele momento era a única bebida que lhe ocorria.

Sentado-se à mesa escolheu se entregar ao tempo presente. Pela primeira vez realmente pôde sentir profundamente o aroma de um chá. Enquanto mexia lentamente a xícara para observar as pequenas ondas que se formavam dentro dela, voltou a refletir sobre o que Paulo Kanin lhe havia dito mais cedo.

Transformar dores em pérolas. Sua maior dor era ter vivido anos em busca somente do dinheiro e do sucesso profissional. Muitas pessoas diziam que a vida que ele tinha hoje lhe garantiria uns cinco anos a mais de vida. Mas poucos sabiam que o preço que ele pagou para chegar a esse lugar deve ter lhe tirado em torno de dez anos de vida. A conta nem sempre fecha. Em busca de maior qualidade de vida que o dinheiro realmente proporciona, ele perdeu muito da vida que vale a pena ser vivida. O caminho foi tão desgastante que a chegada ficou com valor baixo. E esse paradoxo era sua maior dor. As suas maiores frustrações se referiam a não ser um bom profissional. Seus maiores medos passavam por não ter dinheiro. Suas maiores tristezas estavam em não ser reconhecido como um empresário de referência. E suas maiores ansiedades estavam no receio de que tudo, em algum momento, poderia despencar. A fragilidade andava de mãos dados com seu poder.

Esta era sua dor, e aquela tarde de fortes ventos no ponto mais ocidental da Europa começava a fazer sentido. A graça está no caminho. Repetiu para si a última frase que Paulo Kanin lhe falou naquela manhã. E, de repente, quase como num passe de mágica, ele decidiu que faria desta dor a sua experiência a ser compartilhada. Poderia escrever um blog sobre o tema, talvez um livro. Ainda quem sabe poderia palestrar sobre o assunto. Aquela ideia o empolgava.

Durante algumas horas seus pensamentos foram longe. Em um papel rascunhou alguns assuntos e vivências que ele poderia compartilhar com as pessoas. Lembrou que durante toda sua vida encontrou dois grupos específicos de pessoas. De um lado o grupo dos gananciosos por dinheiro, que justamente por tamanha ganância acabava sendo o grupo das pessoas mais ricas. De outro lado o grupo de pessoas mais humildes pelo aspecto financeiro, mas muito ricos em filosofia e qualidade de vida. Eric entendeu que talvez este tenha sido o seu chamado. Levar para as pessoas a importância da espiritualidade, da fé, do amor, das relações, sem desconsiderar a importância que também tem o mundo material. Ele tinha a clareza do quanto o dinheiro era bom, mas queria poder compartilhar com o mundo que o caminho para ter dinheiro, muitas vezes é tão desgastante, que as pessoas acabam chegando a esse destino, desconectadas de outros aspectos até mais importantes.

O ponto ágape daquele momento era tão forte que Eric não teve fome. Não viu o tempo passar. E não notou que o fim de tarde se aproximava.

Saindo de Cascais, Paulo Kanin estava indo ao encontro de Eric. Ele sabia que na manhã seguinte o jovem francês já iria embora. Aquele era apenas um primeiro momento deles juntos, mas precisava ser marcante para que pudesse dar sequência.

Dentro do carro, Paulo Kanin se questionou se não fora muito forte com Eric. Pensou que poderia ter sido mais acolhedor. Por outro lado, lembrou até mesmo pelas suas próprias experiências que o acolhimento nem sempre foi o melhor caminho na solução das suas angústias. Toda vez que alguém lhe acolheu nos seus momentos difíceis foi baseado em sentimentos muito bonitos, mas também no sentimento de pena. Paulo Kanin não queria sentir pena de Eric. Ele queria ver a sua dor. Ele queria ver a sua raiva. Mas a posição de mestre era muito perigosa para a sua própria vaidade. Se o francês não entendesse o seu recado, ficaria a sensação de que ele não ensinou direito.

Então ficou pensando quem realmente ensina quem. Não seria ele discípulo de Eric uma vez que o próprio Eric estava lhe ensinando uma posição diferente?

No meio das suas próprias dúvidas internas, Paulo Kanin também se deparava com as dúvidas daquele leitor que teve a coragem de se aproximar profundamente. Será que ele vai encontrar as respostas? Será que seguirá tendo a coragem de manter as perguntas? Terá valido a pena?

Mas Paulo Kanin estava convicto de que a vivência presente era positiva, e isso era o máximo que ele podia entregar naquele momento.

— À tarde lhe rendeu muitas folhas rascunhadas, hein, rapaz?

Perguntou o sábio escritor.

— Nossa. Já está de volta, Paulo?

— Eu falei que voltaria no fim da tarde. Não acreditou?

— Nem vi que já era fim de tarde.

— Sabe a diferença entre tempo *chronos* e tempo *kairós*?

— Não conheço essas expressões.

— São palavras gregas. Ambas se referem ao tempo. *Chronos* é o tempo finito, medido por horas, dias e meses. É o tempo do relógio. É o tempo que controlamos. Daí vem a expressão "tempo é dinheiro". Já *kairós* é o tempo oportuno. O tempo vivido no presente. O tempo de entrega. É o tempo que alimenta a alma. Toda vez que estamos vivendo algo que não gostaríamos que acabasse, estamos vivendo em *kairós*.

— Muito bom... Com certeza entrei em tempo *kairós* essa tarde.

— Fomos condicionados a viver praticamente escravos do *chronos* e mesmo que o dia tivesse cinquenta horas, teríamos atividades para ocupá-lo, sem a menor dúvida. Já o *kairós* é, entre outras coisas, a nossa espiritualidade. É o nosso tempo entregue a Deus, independentemente de quem seja o nosso Deus. Mas é o tempo em que entregamos, confiamos e agradecemos.

Observando a reflexão nos olhos de Eric, Paulo Kanin levantou-se. Foi até o balcão daquele bar e pediu sua xícara de chá verde. Aguardou por lá mesmo, e de longe pode observar que Eric pegou seus rascunhos e voltou a escrever. Paulo ficou feliz de ver que Eric agora estava mais conectado com ele mesmo do que com o objetivo de idolatrar o escritor que lhe fora importante. Era o ponto ágape do amor próprio.

— E digo mais, Eric. Em tempo e energias *kairós* o homem realiza coisas imagináveis. Se eu lhe contar tudo o que já realizei a partir dessa energia mística, da fé e da crença por algo maior, entregue no tempo presente, você jamais acreditaria.

— Eu o entendo, sim. Talvez até acreditasse. Mas agora a minha energia está no meu momento.

— Você entendeu o jogo, Eric.

— E o que acontece agora? O senhor deixa de ser meu mestre?

– Lembra do que lhe falei do conceito de mestre ontem?
– Claro!
– Eu fui seu mestre pelo livro. Eu fui seu mestre ontem e hoje. Mas talvez amanhã não seja mais.
– Mas isto não significa que não nos falaremos mais, certo?
– Claro que não, Eric. Eu não quero perder por nada a transformação que ainda vai ocorrer na sua vida.

Então os dois riram. Brindaram suas xícaras de chá verde enquanto assistiam ao lindo pôr do sol naquele fim de tarde em Cabo da Roca. Em *chronos*, apenas um lugar no mapa. Apenas dois dias. Em *kairós*, um ponto ágape.

Dez meses depois, enquanto jogava seu golfe sozinho, Paulo Kanin voltou a lembrar de Eric. Ele havia recebido no dia seguinte àquele pôr do sol uma caixa de vinhos franceses com um bilhete de agradecimento:

"Ao meu querido mestre,

Em tempo *kairós* aprendi a dar mais valor a minha jornada. A vida que realmente vale a pena precisa ser feita com muita consciência e com muito amor.

Com vinhos franceses a caminhada fica mais agradável.

Espero que goste.

Com carinho,

Seu discípulo"

Depois deste bilhete, eles nunca mais se falaram. Foram dois dias intensos para os dois e naquela manhã Paulo Kanin realmente sentiu saudade. Ele sempre gostou de sentir saudade, como prova de uma relação que era boa.

Enquanto caminhava no buraco dezoito, último do campo, encontrou uma bola perdida na grama. Nela estava escrito *Produite en France* (produzido na França). Seria uma mera coincidência. Do outro lado da bola havia somente o número cinco. Ele sabia que o número cinco era o número da liberdade. O número que representa estar livre e em evolução.

Com certeza era um sinal que precisava ser seguido.

Ao chegar em casa uma carta sobre a mesa. O remetente era Eric. Dentro do envelope havia um jornal francês. Na capa uma foto de um grupo de pessoas sentadas em um local ao ar livre. Todas elas escutando um jovem que palestrava do fundo do seu coração. A manchete: O empresário das causas espirituais.

Junto do jornal, um bilhete:

"Querido Paulo Kanin,

Peço desculpas pelo meu silêncio. Mas aprendi com você que os espaços vazios podem falar muito mais. Eu realmente precisava deste tempo.

Como pode ver no jornal, eu voltei para França decidido a iniciar esta caminhada. Quase um ano depois, tenho realizado diversas palestras sobre o tema. Em sua homenagem, chamo a palestra de 'Dor e pérola'.

Me aproximei ainda mais das questões espirituais. Faço parte de um centro budista da minha região e estou construindo um núcleo de vivências espirituais exclusivo para empresários. Tem sido uma experiência transformadora. Aonde vou chegar? Não sei, mas a graça está no caminho.

Nesta caminhada encontrei uma mulher encantadora. Agora consigo entender o que é viver o amor. Em breve vamos nos casar.

O resto prefiro lhe contar pessoalmente.

Dezembro é o mês do meu aniversário e resolvemos passar o mês todo em Portugal. Espero encontrá-lo em Cabo da Roca.

Muito obrigado por tudo.

Com muita saudade e com muito carinho,

Eric"

Gabriel Carneiro Costa

Observação comentada

Eu não nasci assim. Eu escolhi ser assim.

Hoje, durante minhas palestras e *workshops*, livros e atendimentos individuais, muitas pessoas me dão um *feedback* de que sou uma pessoa afetiva, generosa, com excelente capacidade de escuta. Sempre faço questão de responder que não nasci assim.

Não posso falar por todos os escritores, mas pelo menos nos meus livros sempre há um pouco de mim. Mesmo nas situações fictícias, sempre há algo de real das minhas experiências. Neste capítulo, sou um pouco do Eric. Sou um pouco do Paulo Kanin.

O meu ponto ágape baseado em raiva, medo e tristeza foi vivido fortemente alguns anos atrás. Assim como Eric, me peguei algumas vezes vomitando e chorando sozinho no banheiro. Sempre tive ao meu lado a minha família, em especial a minha esposa, que me acompanhou durante todos esses momentos difíceis.

Não cheguei a vender a minha empresa por milhões, como Eric, porém eu me vi necessitando fazer uma mudança em minha vida. Nada era mais urgente do que a necessidade de parar. Optei por criar o personagem francês como um jovem milionário justamente por poder trazer à tona a questão do dinheiro.

Muitas vezes, ao término das palestras formam-se filas de pessoas querendo vir comentar ou compartilhar algo. Uma das perguntas que escuto com mais frequência é se dinheiro traz ou não felicidade. Geralmente devolvo a pergunta da mesma forma como me foi feita. Esta é uma pergunta que não tem relevância se respondida por outra pessoa.

Qualquer opinião que eu manifeste estarei falando da minha relação com dinheiro e não sei qual é a relação do outro. O que posso afirmar, baseado na minha própria experiência, é um pouco do que tentei expor dos ensinamentos de Paulo Kanin para Eric. O preço que se paga para ter dinheiro é alto demais. O preço que se paga para se manter parecendo uma pessoa com dinheiro é mais alto ainda. E este preço nem sempre compensa todos os prazeres que, indiscutivelmente, o dinheiro traz. Portanto, não sou contra o dinheiro. Mas sou contra, sim, a forma como as pessoas estão vivendo para buscá-lo. O capitalismo inconsciente. A desigualdade brutal ao redor do mundo. A quantidade de gente tendo muito mais do que precisa enquanto outros sequer ousam sonhar. Não acredito que seja desta forma que viveremos num mundo melhor.

Outro aspecto muito importante deste capítulo é o acesso ao ponto ágape de Eric. Ele foi conectando diversos aspectos e diversas facetas do mesmo ponto. A essa altura do livro, imagino que você, leitor, tenha entendido que o ponto ágape não tem forma, nem local, nem momento, nem tamanho específico. É uma coleção de pontos que passamos ao longo da vida. E um dos pontos mais bonitos na esfera da individualidade é o ponto do amor pela coragem de seguir em frente. Deixar de viver uma vida programada seja pelos pais ou pela sociedade, e seguir em frente em busca daquilo que verdadeiramente nos alimenta. Este ponto ágape é transformador. E este é um dos pontos ágapes que mais busco dentro do meu escritório nos processos de atendimentos individuais.

Lembro de um cliente, com idade próxima a Eric que chegou pela primeira vez no meu escritório de forma muito desanimada com a vida. Queria que o nosso trabalho focasse em diversas opções que ele tinha. A empresa dele ainda não tinha deslanchado e ele estava disperso entre outras possibilidades para simplesmente atender à expectativa de ser um homem bem sucedido.

Deixei claro que o trabalho seria focado inicialmente em mudar essa energia. Particularmente eu não acredito que sejam nossas escolhas que mudam nosso estado de espírito, mas, sim, que o nosso estado de espírito muda as nossas escolhas. E este seria o caminho a ser percorrido.

Por ter um perfil muito empreendedor, esse cliente tinha o sonho de estar envolvido em diversos negócios. Tinha a ideia de abrir um negócio novo, desenvolver sua empresa atual ou evoluir num pequeno negócio da família.

Entretanto, o caminho só se realiza sendo caminhado. Gosto muito de trabalhar com meus clientes a pergunta: O que é possível agora? E o agora é literal. O que é possível fazer hoje ou, no máximo, nos próximos dias. Todo ser humano tem o direito de sonhar grande, e eu jamais seria contra isso. Mas ao sonhar grande nos desconectamos das pequenas possibilidades reais. O grande nada mais é do que a soma de muitos pequenos.

Por isso, com esse cliente em específico, trabalhamos o conceito de que seria necessário desenvolver o que ele estava fazendo. Transformar aquele primeiro negócio em grande, depois viriam outras opções. E para aumentar aquele negócio, seriam necessários pequenos passos. Parece óbvio, mas na prática não é. Assim como Eric, esse cliente tinha dificuldade de achar graça na caminhada. Seu foco estava exclusivamente no ponto de chegada, e a chance de viver uma crise emocional como o personagem francês viveu era grande. Meu objetivo e desejo era que ele pudesse encontrar o seu ponto ágape. O amor pelas suas ideias, pelas suas atitudes e principalmente por si mesmo.

Lembro claramente de que ele começou a organizar os passos imediatos. Programou uma série de pequenas atitudes que lhe colocariam mais próximo de ter uma empresa financeiramente mais saudável.

Durante o início da minha carreira, acreditava que algumas coisas eram mera coincidência. Na realidade, foram esses acontecimentos que começaram a me conectar com uma realidade mais espiritual e energética. Com alguns clientes ocorreram fatos que se tornam inexplicáveis. Foi isso que me motivou a criar a expressão "ponto ágape". Parece que algo diferente começa a ocorrer uma vez que esse ponto foi alcançado. Fica muito difícil explicar em palavras, mas hoje tenho a plena convicção de que algo maior nos move e toda vez que nos equilibramos, este algo maior libera mais força.

Com esse cliente não foi diferente. Começaram seus primeiros passos e a energia mudou. Eu encontrava ele quinzenalmente e me lembro que em um dos nossos encontros ele chegou radiante, pois havia fechado três propostas em apenas duas semanas. Enquanto me contava, recebeu outra ligação e fechou na minha frente a quarta proposta. Era incrível e motivador. É certo que tudo isso só ocorreu porque ele decidiu caminhar. Ele decidiu romper com sua acomodação. Ele decidiu se transformar. Assim como Eric, esse cliente resolveu viver intensamente a sua mudança. Como disse Paulo Kanin, não existe mudança sem mudar.

Mais no fim do processo ele chegou no meu escritório com um dilema. Seu negócio havia crescido rapidamente e ele precisava tomar uma decisão. Tinha dúvida se procurava o irmão dele, que tinha uma empresa no mesmo ramo, para fazer uma espécie de fusão. Outras opções seriam colocar um gerente que no futuro poderia ser sócio, ou ainda montar uma equipe mais operacional e seguir na tarefa de fazer o negócio prosperar.

Ele havia feito toda uma análise de ganhos e perdas, forças e fraquezas, para pensar se valeria a pena ter um sócio ou não. Mas antes mesmo de ele abrir o papel e me mostrar esses raciocínios, eu resolvi mostrar para ele o conceito de Cabo da Roca. Contei a ele o que este ponto representava na história e lhe propus tomar uma decisão mais profunda: seguir por um caminho conhecido ou desbravar o novo. Ele sorriu silenciosamente, amassou o papel e arremessou na cesta de lixo. Disse que após essa explicação ele nem precisaria mais analisar as questões. O ponto ágape da coragem pela sua jornada estava acessado. Ele optou por seguir o caminho sem a necessidade de sócio, pelo menos não naquele momento. Comentou-me que havia ficado claro que a figura de um sócio era apenas uma forma de encarar melhor o medo, mas que estava então decidido a buscar o desconhecido – neste caso, era seguir sozinho na missão de ampliar seus negócios.

Outra questão que me instiga neste capítulo é o conceito de um mestre e seu discípulo. Coloquei por meio dos dois personagens o que penso sobre essa relação. E nesse sentido, tive inúmeros mestres em minha vida. Com alguns convivo até hoje. Outros foram marcantes apenas por um momento. E ainda há outros que foram mestres por um dia.

Tenho o privilégio de ter uma família muito presente e de muita disposição para ajudar. Minha esposa é muito parceira e é, sem dúvida, um grande ponto de equilíbrio para mim. Mas ainda assim sempre busquei mestres em relações não tão íntimas. Acredito que no convívio e na rotina, as pessoas se expõem e deixam de ser idealizadas. Somos todos muito iguais. Nos últimos anos, pude atender pessoas e famílias com condições financeiras muito elevadas. Atendi famílias que estão nas listas das mais ricas do Brasil e pude perceber que os dilemas humanos não mudam. Inveja, competição, ciúmes, carência, intimidade... Tudo isso ocorre em qualquer família. Não é diferente da minha família e provavelmente não é diferente da sua. Muita gente me diz que pelo menos esse tipo de família tem dinheiro e é melhor brigar com dinheiro do que brigar sem dinheiro. Mas aí entra o outro aspecto que Paulo Kanin tentou ensinar para Eric. O preço que se paga para ter o dinheiro. Por incrível que pareça, na abundância se briga tanto quanto na escassez. E é justamente por isso que considero fundamental a busca por figuras importantes para nos aconselharmos. Figuras externas. Seja na posição de consultores para carreira, seja na posição de conselheiros de vida, ou até mesmo na condição de mestres espirituais.

Eu sempre tive esse tipo de figuras por perto. Convivi especificamente com dois mestres espirituais em momentos diferentes ao longo da minha vida. Faço terapia há muitos anos e muitas vezes considero a minha psicóloga como uma mestra. E tenho um amigo mais velho que se tornou um grande conselheiro nas horas de profundas dúvidas e angústias. Com qualquer um deles a minha relação é de total respeito, mas aprendi que eles não estão acima de mim. São pessoas que me acolhem, me nutrem, me provocam e me inspiram. Mas são seres humanos, levam uma vida e passam por derrotas e vitórias muito parecidas como as minhas.

Da mesma forma, quanto mais pública foi ficando minha carreira, mais pessoas passaram a me procurar vendo em mim uma figura projetada distorcida. Não é porque estudo e trabalho com educação emocional que não me atrapalho nas minhas emoções. No começo dessas experiências, a posição de ser visto como mestre ou algo do gênero foi tentadora para a minha vaidade. Porém vivi intensamente o aprendizado que Paulo Kanin tentou ensinar sobre o preço que se paga por tentar manter a posição de alguma coisa superior. Atender às expectativas de ser uma espécie de mestre, orientador, conselheiro ou algo do tipo também tem um preço alto.

Hoje prefiro trabalhar a partir de um ponto de igualdade. Também cometo meus erros e muitas vezes me vejo diante de situações das quais eu não faço ideia de como sair.

Esse processo de se tornar mais equilibrado, centrado em viver somente o tempo presente foi, e ainda é, um grande treino. Realmente não nasci dessa forma. A vida havia me ensinado a acelerar e pensar grande. Pouco me ensinou sobre pausar e viver exclusivamente com o que temos aqui e agora. Durante algum tempo foi uma luta interna e até hoje me pego em momentos tendo que parar e refletir quem eu realmente gostaria de ser naquela situação.

Depois que aprendi a me colocar em igualdade, pude ajudar os outros de forma muito mais profunda. A capacidade de transformar nossas dores em pérolas é algo transformador para nós e que, de alguma forma, contribuímos também para os outros.

Passei por muitos Cabos de Roca em minha vida. Muitas vezes tive que tomar a decisão de me agarrar ao conhecido ou então buscar não somente o desconhecido, mas também com o improvável. Aliás, o provável ou improvável é apenas uma questão de estatística. E é lógico que muitas vezes, seja por medo ou por comodismo, preferi seguir o caminho conhecido. Entretanto, todas as vezes que procurei dar um passo adiante no meu propósito e no processo de autoconhecimento me senti convidado a ultrapassar esta fronteira.

Não acredito na ideia de que viemos ao mundo prioritariamente para sermos felizes. Prefiro acreditar que viemos ao mundo para sairmos daqui melhores do que chegamos. Evoluir para mim é uma palavra norteadora. E este jamais será um ponto de chegada. Assim como para Eric, para todos nós a questão de evolução é contínua.

Se pensarmos que viemos ao mundo para sermos felizes corremos o alto risco de desconsiderarmos elementos importantes. Nós nos pegaremos fugindo de qualquer coisa que possa causar dor. E muitas vezes iremos preferir o caminho já conhecido.

Por isso penso que buscamos a evolução como seres humanos, primeiro na esfera individual para então criarmos uma evolução coletiva. Se isso nos acontece então a felicidade é consequência e não causa da nossa jornada por aqui.

Use este espaço vazio para refletir seu momento de vida

Use este espaço vazio para refletir seu momento de vida

Capítulo 4

Desequilibrando Wall Street

O ano era 1652. Um grupo de holandeses construiu um muro de madeira e lama no limite norte de Nova Amsterdam. O objetivo era se defender contra os ataques dos colonizadores da Nova Inglaterra e dos próprios ingleses. Porém há quem defenda a ideia de que o objetivo maior, e oculto, era manter escravos negros naquela colônia. O fato é que em 1699 o muro foi derrubado pelos ingleses e iniciou ali um ponto de encontro de intermediários financeiros e especulatórios. Algum tempo depois a rua voltou a ficar famosa por ter sido o cenário para a assinatura do Tratado de Buttonwood, nome dado em função de uma árvore que havia no fim da rua e que estabelecia regras para as operações na bolsa de Nova York. Depois disto, Wall Street deu início às famosas (e reais) possibilidades de arruinar ou estabelecer fortunas da noite para o dia.

Séculos depois, hoje este lugar representa o mais importante centro comercial e financeiro do mundo, mais conhecido como Wall Street (rua do muro), em Nova York, Estados Unidos. Em suas famosas calçadas circulam negociadores e empresários de renome internacional, que movimentam bilhões de dólares diariamente, o que torna o local um dos maiores centros nervosos da economia capitalista.

Trata-se de uma rua que atrai pessoas do mundo inteiro em busca da imagem dos homens ricos e poderosos. O próprio cinema tratou de ajudar a criar esses estereótipos e foi isso que atraiu Franklin para trabalhar por lá anos atrás. Para os íntimos, Frank. O significado do seu nome é "homem livre", e ele sempre se sentiu assim. Mas a vida nos provoca novos ciclos e esta percepção estava prestes a mudar. Frank era filho de fazendeiros e nasceu em Iowa. Mudou-se para Nova York jovem em busca de uma carreira executiva. Ao longo dos anos conquistou excelentes oportunidades. Com quarenta e sete anos ele era pai de três filhos – dois do primeiro casamento, de uma namorada também de Iowa, e outro já do segundo casamento com uma canadense que ele conheceu em um bar durante uma festa de comemoração por atingimento de metas da companhia em que trabalhava, uma empresa que atuava no mercado imobiliário onde ele já estava há mais de dez anos e, agora, ocupava o cargo de diretor de operações. Seu maior objetivo era poder se tornar presidente da empresa, uma vez que o atual presidente e sócio estava prestes a se aposentar.

Os candidatos para o cargo eram os atuais diretores. Dentre eles, os mais favoráveis eram o próprio Frank, o senhor Jimmy, que era diretor financeiro, e Lisa, que era diretora de recursos humanos.

Frank tinha um tipo de liderança clássica das empresas voltadas exclusivamente para o lucro. Seu perfil era baseado em poder. Tinha abaixo de si um grupo de aproximadamente trinta pessoas que durante dois anos optou por dividir em três equipes e, assim, estimular a competição entre eles. Com alguma frequência, entendia que era necessário gerar pressão nos colaboradores, e na prática ele havia ficado conhecido pelos seus momentos de excessos de crítica, sempre em voz alta e com tom de superioridade. "Se não for assim, não funciona" costumava ser a sua frase posterior a todos os momentos mais desconfortáveis.

Ele também desvalorizava outros tipos de liderança. Qualquer modelo diferente do seu era considerado por ele algo frágil, sem pulso firme e sem efeitos realmente significativos para a companhia.

Todos os eventos que a empresa promovia, geralmente liderados pelo setor de recursos humanos, onde o propósito eram conversas entre os gestores, modelos mais colaborativos de gestão e rodadas de *feedbacks*, Frank considerava perda de tempo. Para ele, trabalhar era sinônimo de suar. Colaborador bom era aquele que acordava cedo e dormia tarde. Seu reconhecimento sempre foi para as pessoas que se esforçavam muito para desempenhar suas tarefas. Se uma meta era alcançada facilmente, ao invés de comemorar, ele preferia pensar que a meta estava baixa e que então precisava ser aumentada.

Ele era o típico ambicioso dos tempos modernos. Era preciso ter sempre mais. E depois, era preciso aparecer. Muitas vezes discursava que estava cansado de tanto trabalhar, mas não delegava tarefas para sua equipe. Com frequência pedia para estar a par de tudo o que estava ocorrendo. Perder o controle era algo que lhe incomodava. O que ele ainda não havia entendido é que para ser um líder flexível seria preciso justamente confiar e abrir mão de controlar tudo o que acontece.

No dia três de outubro seria a apresentação do presidente da companhia para o seu sucessor. O que ninguém sabia era que esta é a data do anjo Imamiah, que representa a liberdade e influencia todas as ações que estão baseadas em bondade.

Naquela manhã, havia um café da manhã para todos os cargos de liderança da empresa e todos estavam ansiosos pelo anúncio. O presidente apareceu em um pequeno palco no miniauditório. Fez um rápido discurso sobre o momento econômico que eles viviam e foi logo ao anúncio:

– Sei que todos vocês esperam a resposta pela sucessão da nossa companhia. Meu momento de me recolher chegou e estou muito feliz com a decisão que tomei. Fiquei mais de um ano com uma dúvida muito grande entre duas pessoas. Por terem estilos muito diferentes eu estava com um enorme medo de tomar uma decisão equivocada. Preferi então seguir meu instinto. Chamei um consultor para me ajudar em um novo formato de gestão e comunico hoje, oficialmente, a todos vocês que nossa companhia não terá mais a figura de um presidente.

Nesse momento, todos se olharam surpresos. Houve um rápido ruído de algumas pessoas conversando e o presidente seguiu:

– Mas isso não significa que não haverá mudanças no modelo de gestão. A partir de agora, nossa empresa será liderada pela figura de dois vice-presidentes e o conselho de administração trabalhará para apoiá-los.

Frank escutou essa informação e por um momento não sabia se ficava triste ou alegre. Duas pessoas no comando aumentava sua possibilidade de subir de cargo, mas a ideia de dividir a gestão da empresa não era muito confortável.

– Dessa forma, é com muita alegria e confiança que anuncio os nossos novos vice-presidentes, Lisa e Frank. Uma salva de palmas.

O grupo aplaudiu a decisão.

Lisa se surpreendeu. Ela realmente não esperava que uma mulher pudesse ter esse reconhecimento. Ficou muito feliz e eufórica com a nova realidade que se abria naquele momento.

Por outro lado, Frank recebia os cumprimentos dos colegas com uma sensação um pouco desagradável. No passado, já tivera alguns desentendimentos com Lisa e o seu modelo de trabalho era muito diferente daquele que ele acreditava.

Passada a euforia do anúncio, já tomando um café, Frank foi discretamente conversar com o presidente:

– Por que o senhor dividiu a gestão?

– Você é meu melhor homem, Frank. Mas a empresa só com o teu comando perderá seu coração e sua alma.

Naquele exato instante Frank parou de escutar qualquer som. Sua mente produziu um silêncio absoluto. Ele olhou em volta e viu as pessoas sorrindo. Aquelas pessoas agora olhavam para ele como o novo líder. Tudo o que ele queria era chegar neste lugar, mas dividir o palco não fazia parte do seu plano vaidoso e poderoso. Ao mesmo tempo, ele sabia que negar a promoção seria uma imensa fuga e ficaria muito ruim para a sua imagem. "Coração e alma?", ficou repetindo em sua mente. Ele não entendia o que o presidente estava lhe dizendo. Sua mente sempre tão rápida e lógica estava perdida.

Passados alguns meses da promoção, Frank e Lisa já estavam trabalhando integralmente nas novas funções. Haviam definido algumas divisões de tarefas entre eles afim de que cada um pudesse manter sua forma de gestão, e um dos poucos pontos em que ambos concordavam é que eram diferentes no estilo de liderança.

O que Frank não imaginava é que mesmo com tarefas diferentes, a comparação dos modelos ficou inevitável. Agora toda a empresa respondia para os dois e por consequência, todos os funcionários observavam o estilo de cada um.

Ele era tão resistente que os primeiros *feedbacks* que as pessoas trouxeram de que era mais tranquilo trabalhar com a Lisa, ele preferiu interpretar que se tratava de um grupo fraco, que não era orientado ao negócio e que alguém naquela empresa precisava se preocupar com os resultados.

O problema foi aumentando quando as pessoas mais diretas da Lisa também passaram a dar resultados. Ficou evidente em toda empresa que é possível ter resultados com um ambiente mais agradável e respeitoso.

Certo dia, no início da tarde, Frank tinha uma reunião com uma equipe de seis pessoas para definir alguns planos estratégicos comerciais. Ao iniciar a reunião, um dos membros pediu a palavra:

– Sr. Frank, antes de mais nada, gostaria de poder lhe propor uma ideia sobre o nosso time.

– Depois da minha apresentação, ok?

– Este é justamente um dos problemas Sr. Frank.

– O quê?

– Não, nada. Tudo bem. Eu falo no final.

E desta forma a reunião prosseguiu.

Uma pessoa agressiva como Frank, no seu tom de voz e até mesmo na postura física, não se dá conta que acaba criando uma espécie de blindagem. As pessoas ao redor têm medo de se manifestarem para ele. O mais triste é que isso fazia com que ele tivesse cada vez menos intimidade e emoção à sua volta. Temê-lo não significava respeitá-lo, visto que qualquer encontro do grupo sem a sua presença tornava-se garantia de que ele seria tema de fofocas e críticas severamente negativas. Muitas pessoas já haviam saído da empresa por dificuldade de relação com ele e até mesmo na entrevista de demissão não tinham coragem de dar esse retorno. Justamente essa falta de coragem das pessoas ao redor é que mantinham Frank com a percepção de que ele estava certo. E mesmo nos momentos em que ele aparentemente estava bem com a equipe, compartilhando algo agradável, para os demais aquilo não passava de um ponto fora da curva.

Ao término da reunião, Frank estava fechando seus materiais quando o mesmo colaborador voltou a lhe pedir espaço:

– Agora posso lhe comentar algo, Sr. Frank?

– Ah, sim. Já ia esquecer...

– O nosso grupo se reuniu e eu vim lhe falar como porta-voz. Temos visto outras equipes com modelos de gestão mais flexíveis e gostaríamos de ver com o senhor se seria possível ajustarmos nossa carga de trabalho da mesma forma como eles fazem.

– E que forma seria esta?

– Eles não trabalham por horário rígido, e também não há cobrança por relatório de visitas, prospecção ou projetos. O foco está no resultado.

– Mas eles não geram resultados. Quem carrega esta empresa no colo sempre fui eu.

– Eles fizeram uma mudança inclusive no formato da renda, que diminuiu o valor fixo e aumentou as bonificações pelos resultados, que são definidos em conjunto no início de cada semestre.

– Sim, eu estou sabendo. Aliás, eu sei tudo o que ocorre aqui. Mas vocês vão ver, este modelo não vai dar certo. Eu já sei. Agora não é hora de ficar falando sobre o que não tem sentido para esta empresa. Já estamos no meio da tarde e quero ver vocês na rua. Falamos mais para frente, ok?

Silêncio de toda equipe. Tentativa frustrada. Eles saíram pela sala muito mais desanimados do que entraram. Outro ponto que Frank não entendia é que nem sempre ele precisava fazer as vontades da equipe, mas era preciso escutar, refletir e responder. Ao não considerar a opinião deles e focar exclusivamente nas ações típicas de trabalho, ele produzia uma equipe que trabalhava por obrigação. Trabalhavam por serem reféns do salário. Mas, assim que pudessem, sairiam de lá.

Durante um congresso, Frank estava sentado na primeira fila para assistir a um importante palestrante. O tema que iria ser abordado era sobre o líder do futuro, e muitas pessoas da companhia também estavam neste evento para assistir e debater.

Em um determinado ponto da palestra, o consultor que desenvolvia habilmente a oratória resolveu compartilhar uma provocação:

– Para você, líder, qual o percentual mínimo de *performance* que uma pessoa deve ter como média anual na sua empresa? Alguém pode me dizer?

– 100%!

Gritou um senhor no fundo do auditório.

– 100%? Só isso? O senhor realmente acredita que alguém pode ter esta *performance* todo o ano?

Houve um certo ruído na plateia. Algumas pessoas conversavam entre si e ouviram-se novos números:

– 80%!

– 75%!

– 90%!

– 70%!

– Ok, ok. Vamos fazer uma média e fixar em 80%. Tudo bem?

Agora acompanhe meu raciocínio. Em uma empresa, uma pessoa bacana deve ser importante ou até mesmo essencial para os resultados. Concordam?

Novamente a grande maioria do público sinalizou que sim.

– Visto que convivemos mais com nossos colegas do que com a grande maioria dos nossos familiares e amigos, também é importante que esta pessoa seja agradável para seus pares. Concordam também?

Algumas pessoas afirmaram de forma enfática aproveitando a pergunta para demonstrar na frente dos seus colegas e chefes como este também era um assunto relevante.

– Então, vamos imaginar uma situação. Hipoteticamente, aplicarei uma pesquisa nas companhias de vocês. Pedirei a cada um dos colaboradores, sem exceção, para que avalie todos os colegas que ele se relaciona, independentemente das posições hierárquicas. Nesta pesquisa haverá apenas duas perguntas: 1) De zero a cem, na sua visão qual o percentual que este colega tem de importância para a empresa e para as atividades que exerce? 2) De zero a cem, na sua visão qual o percentual que este colega tem ao considerar se ele é ou não uma pessoa agradável para o grupo?

Propositadamente o palestrante provocou um silêncio. Ficou olhando nos olhos de cada um da plateia e causou um clima reflexivo no auditório.

– Agora, vou utilizar o critério de que vocês falaram aqui. Pegaremos os resultados de cada um. Somaremos as duas notas e faremos a média. A partir daí, qualquer pessoa cujo valor for menor que 80%, iremos demitir da empresa. E vejam que ao criar a régua de 80% não bastará dar resultados somente, pois se for uma pessoa desagradável a média ficará abaixo. Da mesma forma o inverso. Não basta ser apenas o querido se não der resultado. Agora pensem... Quantas pessoas seriam demitidas da sua empresa? E a melhor pergunta de todas: VOCÊ ficaria com medo de ser demitido?

Agora o silêncio não era apenas de reflexão. O silêncio que ocupou o auditório era de constrangimento. Algumas pessoas abaixaram a cabeça. Outros estamparam um sorriso quase irônico.

Frank sentiu um imenso frio na barriga. Pensou em ir embora, mas se ele saísse ficaria evidente sua posição. Aquele palestrante havia encurralado a sua moral, os seus pensamentos e suas atitudes.

Mas no meio do constrangimento, houve uma profunda reflexão. Ele pensou que provavelmente seria demitido da empresa, da família, dos amigos, dos vizinhos. Aquela provocação foi um soco no estômago daquele que até então sempre se achou superior.

Os dias seguintes realmente foram diferentes para Frank. O cálculo que o palestrante provocou o convenceu de que algo estava errado.

Resolveu chamar Lisa para uma conversa. Fosse por medo ou por desejo, ele agora estava, pela primeira vez, disposto a escutar como era o modelo de Lisa. Ele queria entender além dos processos. Queria saber como ela havia mudado, o que ela debate e quais dificuldades ela vive.

Lisa entrou na sua sala. Ele se levantou, cumprimentou-a, ofereceu um café. Ela aceitou um desde que fosse mais fraco. Serviu-a e sentou ao seu lado.

– Aquela palestra foi demais, não é mesmo?

– Com certeza, Frank. Muita gente da equipe está comentando as ideias que foram apresentadas.

– Posso imaginar. Eu fiquei muito pensativo.

– Acho ótimo que você também tenha gostado. Cheguei a pensar que você não estava gostando...

– Gostando eu realmente não estava. Passei a gostar depois que assisti.

Lisa sorriu sem saber o que dizer. Ela sabia que o estilo dele não era compatível com o que foi apresentado no evento, mas ao mesmo tempo se surpreendeu ao ouvir Frank dizer que depois do evento acabou gostando da provocação.

– Sabe, Lisa, em outro momento da minha vida, só o fato de puxar esta conversa eu já entenderia como uma fraqueza. Mas aquele cara me fez pensar que fraqueza é não querer mudar.

– Nossa! Que legal, Frank. Fico feliz de ter me escolhido para esta conversa. O que ficou com vontade de mudar?

– A minha forma de me relacionar com as pessoas. A vida inteira eu fui assim e sempre achei que este era o caminho das pessoas vencedoras. Mas desde que começamos a dividir a gestão aqui eu comecei e pensar mais sobre isto. E depois, aquela palestra esfregou na minha cara que eu estou errado. Tenho certeza de que meu percentual de ser uma pessoa agradável seria baixíssimo, mas não quero mais isso para mim.

– Certo, Frank. Vamos juntos. Nossa empresa precisa de suas competências. As pessoas admiram seu conhecimento e seu incansável esforço de fazer sempre melhor. Mas as pessoas não se conectam com este Frank que está aqui agora na minha frente. As pessoas querem pessoas.

O ponto ágape dentro de uma empresa estava sendo expandido.

Nos meses seguintes, Frank e Lisa montaram projetos juntos.

Desenvolveram processos de conversas significativas dentro dos grupos, programa de horários flexíveis, foco em resultado coletivo. Também diminuíram os processos burocráticos e de controle.

As pessoas se surpreenderam pois a transformação de Frank realmente estava sendo significativa.

E acima de tudo, ele estava muito mais feliz. Somente agora ele havia percebido que ao se tornar uma pessoa mais leve, tudo em sua volta ficou mais leve. As intensas dores de cabeça haviam diminuído muito e o repetitivo clima de queixa que a equipe sempre trazia para ele havia praticamente sumido.

Uma nova crença se formava: era possível desenvolver uma empresa mais humana, sem abrir mão dos lucros.

Gabriel Carneiro Costa

Observação comentada

Empresas mais humanas. Esta é uma das causas que carrego em meu peito em cada congresso de gestão do qual tenho o prazer de participar como palestrante.

De forma geral, os recursos estão pouco humanos dentro das organizações. O estilo de liderança de Frank é uma constante em muitas empresas que visito. Obviamente criei todos os componentes negativos de um líder em um único personagem. Na prática é um pouco mais difícil encontrar tudo isso em uma única pessoa, embora, eu tenho a lembrança de diversos "Franks" que encontrei pelo caminho. O mais comum – aliás, e muito comum – é encontrar uma boa parte das características desse personagem nos líderes atuais. Vemos poucas "Lisas" nas empresas.

O que me chama a atenção é que, lá no meu escritório, todos (sem exceção) quando sentam na frente me dizem buscar uma vida mais simples, uma vida mais fácil, uma vida mais leve. Mas estranhamente, por algum motivo, ao retornarem aos seus cargos, passam a ser os multiplicadores de ambientes desagradáveis, controladores e julgadores.

A ideia da pesquisa que coloquei neste capítulo como algo proposto pelo palestrante é uma provocação que costumo fazer dentro de conselhos de empresas de que participo. O clima é sempre de constrangimento, o que me faz ter a certeza de que esse tipo de pesquisa é usado como critério de demissão iria demitir muitos diretores, proprietários e acionistas.

Faz sentido abrir uma empresa para apenas ganhar dinheiro? Vamos pensar juntos. Dinheiro nenhum compra um ambiente agradável. Dinheiro compra um ambiente com luxo, com qualidade, com conforto; mas não compra a paz do ambiente, não compra a sensação de bem-estar. Um ambiente saudável não tem relação direta com dinheiro, e, sim, com pessoas.

Com certa frequência me perguntam o que fazer para motivar equipes. Diálogos. Simples assim. As empresas investem pesado em ferramentas, palestrantes, consultores, campanhas e incentivos. Mas na minha prática até aqui, o que mais motiva as pessoas é a sensação de participarem, a percepção de que tem valor, o reconhecimento, o *feedback*, a liberdade de expressar suas emoções. Isso é altamente motivador, mas extremamente difícil.

O ser humano morre de medo de conversas profundas. Temos medo de chamar um chefe ou colega para expor algo que nos deixa tristes, frustrados ou com raiva. Ainda carregamos o estigma de que ao fazer isso corremos risco de demissão. Mas este conceito só se perpetua porque as pessoas fazem perpetuar. Não se trata de processos, mas de pessoas. Somos nós que ainda seguimos querendo controlar e julgar.

Quanto mais fui ganhando confiança na minha jornada, mais pude levar esses aspectos para dentro das organizações. O amor dentro das empresas é possível. Não no sentido sexual, conjugal ou algo do gênero. Mas no sentido de amorosidade, de afeto, de permissão. Somente ambientes assim promovem, de fato, a criatividade.

Há alguns anos, trabalhei muito no mercado de marketing. Cheguei a ter a minha própria agência e pude constatar algo instigante. O ambiente de marketing é tão pressionado, tão julgador e tão egoísta que é pouquíssimo criativo. Lógico que também conheci muita gente deste mercado que compactua com meu pensamento e que promoviam espaços diferenciados. Mas infelizmente, pelo menos naquela época, não era o que eu mais via.

O que me chama a atenção é a grande quantidade de "Franks" que acessam meu trabalho em uma palestra, por exemplo, e na hora de falarmos sobre desenvolver um projeto mais profundo na empresa, me dizem que suas equipes não estão prontas para tal profundidade. Sempre penso que essa pessoa está falando por si mesma. Muitos líderes – a maioria – não estão prontos para serem líderes mais humanos e mais profundos.

Mas essa mudança não vai ocorrer por meio das pessoas que estão no topo máximo da pirâmide. Elas não querem mudar para não correr o risco de perderem esse lugar. Preferem ter uma legião de operários que trabalham sem se sentir realmente felizes e em troca prometem um salário.

Metade da riqueza do mundo está concentrada nas mãos de menos de setenta pessoas. Veja bem, somos sete bilhões de pessoas e nas mãos de 0,00001% da população está à metade do dinheiro de todos os outros.

Sou contra o socialismo ou comunismo. Quem produz mais merece ganhar mais. Quem trabalha mais merece ganhar mais. Mas ao mesmo tempo, isso não pode estar certo. O mundo produz riqueza suficiente para não termos pobreza. E aí faço uma associação com este capítulo: a questão não são os processos, são as pessoas.

Triste é ver tanta gente murchando pelo caminho. Pessoas cujos ambientes de trabalho deixaram amarguradas, ranzinzas, deprimidas. Em busca do dinheiro para ter qualidade de vida, perderam.

Sou bastante favorável ao dinheiro. Empresas precisam dar lucro. As pessoas têm o direito às suas ambições e de usufruírem de tantas coisas boas que o dinheiro traz.

Lembro uma vez que estava com um amigo caminhando pelo condomínio onde moro atualmente. É de fato um lugar muito bonito, com lagos, árvores e lindas casas. Era uma tarde ensolarada e ele comentou que morar ali era algo que o dinheiro proporcionava e que, ao mesmo tempo, eu não podia negar que aquele ambiente aumentava uns dez anos de vida. Sim, é verdade. Respondi que concordava com ele. Mas o foco não é este. Eu não discordo de que o dinheiro pode aumentar a qualidade de vida das pessoas. Mas respondi para ele que no meu caso, eu havia perdido uns cinco anos de vida para conseguir chegar ali. No meu caso o saldo ainda era positivo. Perdi cinco, ganhei dez. Mas também comentei que conhecia vizinhos que moravam no mesmo caminho que perderam muito mais do que dez anos para conseguirem chegar ali. E aí? Vale? Vale uma vida de esforço, dor, muitas renúncias, sacrificando a saúde para então ter dinheiro e segurança? para lá na frente ter dinheiro para uma velhice segura? Trago estes pontos de vista, pois é isto que costuma pensar o tipo de líder que Frank representou neste capítulo. Eles aprenderam assim e nunca questionaram. Seguem girando a máquina e, no fundo, morrem de medo de dar uma parada e olhar a vida de uma forma mais sistêmica. É mais fácil seguir acelerado. É mais fácil seguir pressionando.

Junto com uma amiga, fundamos um negócio social chamado Zoom. Atualmente operamos somente no Brasil, mas temos aspirações e sonhos mundiais. A Zoom nasceu com o propósito de ampliar o lado bom da vida. E um dos nossos trabalhos, entre outros, é levar ao ambiente corporativo espaços de diálogos mais profundos. Levar mais amor e poder despertar pontos ágape nas pessoas. Muita gente busca isso, mas poucos sabem por onde começar. Ninguém nos ensinou, poucos nos dão permissão e por isso se torna uma tarefa difícil. Mas ela não é hierárquica. Ela é de todos os envolvidos. Inclusive, penso que o gatilho da mudança é obrigação daquele que tomou consciência da necessidade de mudança. Percebeu que seu ambiente poderia ser melhor? Se sim, a bola então agora é sua. Somente assim faremos uma verdadeira revolução em busca de empresas mais humanas.

A parte que me deixa mais otimista é a experiência, mesmo que menor, de ter vivido questões muito significativas dentro de equipes de trabalho. Lembro de duas situações em específico.

A primeira foi em uma empresa onde eu já havia palestrado na convenção do ano anterior e eles queriam uma nova palestra. O evento seria de dois dias (sábado e domingo) em um hotel fazenda com todos os colaboradores (em torno de 150 pessoas). Como eu conhecia a pessoa que iria conduzir as dinâmicas lúdicas previstas para o dia, eu acabei sugerindo que fizéssemos algo mais conectado. Em vez de dar uma palestra e ir embora, eu propus que ficasse o dia todo e, dessa forma, nós conduziríamos momentos de conversas entre cada uma das atividades. Debatemos questões individuais e fizemos exercícios individuais. Debatemos questões coletivas. Demos a liberdade para o grupo criar suas próprias definições, seus próprios valores e os macropanoramas de ações de cada setor. Não havia papel de líder. Todos participaram e o processo de definição foi coletivo. Dessa forma, tudo o que estava sendo planejado era compromisso de todos, afinal foram eles que definiram aquilo e não os donos da empresa. Tudo isto ficou registrado e as equipes ficaram muito felizes por terem aquele espaço. Mais tarde tivemos um momento mais filosófico e de inspirações. Novamente todos que quiseram puderam participar. Na sequência, houve uma dinâmica de muito desgaste físico que utilizou toda a estrutura da fazenda. Não haveria equipe vencedora e não adiantava criar clima de competição.

Gosto muito desse tipo de dinâmica. Mas elas não têm tanto valor se a equipe volta para a sede da empresa e a competição se instaura. Muitas empresas não se dão conta do quanto provocam a competição entre as pessoas. As empresas não podem ser rinha de galo. E infelizmente é o que parece. Os líderes deixam que os colabores briguem entre si, pensando que assim produzirão resultados melhores. Mas esquecem do rastro de sangue que produzem. Depois buscam uma vivência de fim de ano para falar de equipe, união e colaboração. Não somos mais idiotas.

Voltando à vivência da empresa, a dinâmica funcionou muito bem. Essa empresa já aplicava conceitos de gestão colaborativa e por isso a equipe rapidamente entendeu o conceito da brincadeira. Uma hora e meia depois estavam suados e exaustos. Propositadamente, provoquei uma grande experiência de pausa e silêncio. Minha intenção foi quebrar, bruscamente, toda aceleração física e mental e partirmos para a observação interior. Quase algo meditativo. Sempre gostei de trabalhar essa mistura entre coletivo e indivíduo. E após a sensação de equipe era necessário a sensação de solidão, no sentido positivo. Algumas pessoas não suportam a pausa, o silêncio. E esse tipo de situação, de alguma forma, sempre mexe. Fomos caminhando sem falarmos um com os outros até outro ambiente – um espaço lindo ao ar livre onde era possível escutar os pássaros e uma leve trilha de uma música de relaxamento. Pedi a todos que sentassem e refletissem quais eram os lados bons deles mesmos naquela empresa. Que pessoas eles haviam se tornado naquela caminhada. Quem eles significavam positivamente para seus colegas.

A combinação do dia todo, com conversas, brincadeiras, exercícios, inspirações e silêncio estava dando seus sinais naquele momento. Algumas pessoas já estavam se emocionando, o que me gerava uma grande curiosidade pelo o que estavam acessando. Então pedi a todos que fossem até o pé da árvore e encontrasse um envelope com seu nome.

Dentro destes envelopes estava uma tarefa que havia pedido aos sócios um mês antes. Uma carta escrita à mão por um dos donos compartilhando apenas percepções positivas daquela pessoa, não somente no sentido profissional, mas principalmente pessoal. As pessoas foram abrindo as cartas e a emoção cresceu. É muito. Era um imenso ponto ágape individual e coletivo ao mesmo tempo. Os próprios sócios estavam felizes e emocionados, pois as pessoas começaram a ir até eles para agradecer não pelo emprego, mas pelas pessoas que eles estavam sendo, e o imenso significado que havia naquele dia todo. As pessoas estavam sendo vistas como pessoas. E o conteúdo mais emocionante não era meu. Eu estava ali apenas como um facilitador. O conteúdo era deles mesmos. E esta parte encanta.

Essa empresa, no mês seguinte bateu recorde de faturamento. Não sei o quanto essa vivência interferiu no faturamento, mas o que ficou evidente foi que empresas mais humanas também geram resultados.

É preciso quebrar a lógica de que emoções, diálogos e conexões não se relacionam com atingimento de metas e lucro.

Outra experiência parecida e também marcante foi com em uma empresa muito maior, mas com um grupo pequeno. Montamos um programa de cinco encontros apenas com os gestores. Foram encontros muito profundos. Em cada encontro dividíamos em um momento de teoria sobre educação emocional, uma parte de exercícios individuais e conversas significativas entre eles.

Uso a expressão "conversas significativas" ou "conversas profundas" quando me refiro à possibilidade de falarmos sobre o que realmente está ocorrendo por trás dos fatos. É quando as pessoas podem realmente falar de suas emoções sem o medo do julgamento ou das consequências. É quando as pessoas falam daquilo que vem de dentro.

A cada encontro, debatíamos exemplos reais que aquele grupo estava vivendo com suas equipes, ou clientes ou até mesmo fornecedores. Pensávamos juntos a possibilidades de uma comunicação mais assertiva, de atitudes mais maduras e de espaços mais agradáveis para encontrar as soluções.

Obviamente o último encontro foi o mais emocionante. O que mais me empolgava era ver que cada um tinha se transformado. Algumas pessoas chegaram a modificar seus rostos. Ficaram mais simpáticos, mais abertos, mais claros. Parecia que a energia havia alterado. E novamente não se tratava de mim. Já fiz esse tipo de trabalho em diversas empresas, mas apenas poucas equipes vão fundo nessa busca por produzirem um lugar melhor. E isso não significa ausência de problemas e divergências, mas a forma mais humana de lidar com isso.

Nesse último encontro, fizemos uma dinâmica de pensamento conduzido que foi a emoção final. Todos choravam. O ponto ágape dentro de uma empresa estava em alta, e bem ali na minha frente.

Depois, cada vez que visitei essa equipe, era perceptível que o clima na sala havia mudado. Eles souberam dar sequência nas atividades trabalhadas e principalmente, souberem continuar dialogando de forma significativa.

Eu também havia usado nesta empresa uma carta de próprio punho do diretor para reconhecimento pessoal, e algumas pessoas me relataram que nunca haviam recebido nada igual.

Essa ideia da carta eu já havia usado com outras equipes. Com poucas, afinal a maioria não tem clima para tal. Mas o efeito transformador que ela causa é justamente por ir fundo no olhar do ser humano que ali trabalha.

Todas estas experiências só me levam a continuar. Acredito que seja possível desenvolver um novo formato de trabalho. Se você, leitor, trabalha no meio executivo e se sentiu chamado neste capítulo, convido-o a seguir em frente provocando uma nova onda dentro dos ambientes de trabalho. Um clima mais afetivo, mais respeitoso, com menos competição e pressão e, principalmente, com mais diálogos sinceros.

Está em nossas mãos desenvolvermos um ambiente que no fundo todos desejam.

Use este espaço vazio para refletir seu momento de vida

Use este espaço vazio para refletir seu momento de vida

Use este espaço vazio para refletir seu momento de vida

Capítulo 5

Às próprias margens

O telefone toca. Ela atende.
— Oi, sou eu.
— Nossa! Quanto tempo que não falamos. Mas ainda ontem pensei em você.
— Que bom. Eu preciso ver você. Tenho algumas descobertas para contar.

Meses antes, uma mão empurra e a janela se abre. Através dela se enxergam os tons azuis do Mar Mediterrâneo. Era um início de tarde e Pedro havia acabado de se acomodar num quarto de hotel na cidade de Amalfi, na Itália, no centro da famosa Costa Amalfitana.

Pedro era brasileiro, nasceu e residia na complexa cidade de São Paulo e tinha o sonho antigo de conhecer as lindas praias italianas.

O gatilho para que esta viagem fosse realizada foi o fato de ele ter acertado a saída da empresa da qual era diretor. Ele tinha quarenta e dois anos, estava há quase dez na mesma empresa na qual seu último cargo foi como diretor de marketing. Durante um processo de fusão a empresa criou um programa de demissão voluntária e então Pedro decidiu que era a hora de mudar de vida.

Ele viveu ao lado de Cristine por quinze anos. Destes, sete como casados. Não chegaram a ter filhos por total falta de prioridade dos dois. Um pouco antes do acerto de sua demissão, eles se divorciaram. Haviam vivido intensamente o amor, mas havia acabado. Foram parceiros, incentivaram um ao outro nas carreiras, conheceram vários lugares do mundo, conquistaram patrimônio. Para os outros, eram um casal nota dez. De fato foram. Mas apenas foram. Não eram mais. Justamente por terem vivido de forma tão boa e amorosa, a separação havia sido uma decisão difícil. Mas ele notou que estava começando a murchar ao lado dela. Ele não se sentia mais tão importante, não se sentia mais viril, não se sentia mais surpreendido. A rotina havia tomado conta dos dois. Eles ficaram pelo caminho.

Pedro sempre prezou pela fidelidade e pelo respeito. Ele e Cristine haviam combinado que se em algum momento da vida um deles quisesse começar a se relacionar com outra pessoa, contariam. E foi o que Pedro fez. Certo dia ele comentou com Cristine que o casamento já estava muito frio e que estava sentindo falta de algo mais quente entre eles. À primeira vista o assunto passou despercebido. Com o tempo a conversa foi se repetindo até que em um determinado momento Pedro deixou claro que estava fortemente inclinado a começar a ser relacionar com outras mulheres. Cristine apenas chorou e lamentou o ocorrido. Ela não parecia ter a energia necessária para modificar aquela situação. Era-lhe preferível a tristeza do que a força por mudar. E isto só fazia com que Pedro ficasse ainda mais desconectado daquela união que um dia havia sido tão linda.

Por isso, quando optou por sair da empresa, nada lhe prendia. O casamento havia enfraquecido. A carreira havia perdido sentido. Ele precisava viajar para se reencontrar.

Como já planejava toda essa situação há mais de um ano, ele vendeu todos os bens da parte que ficou com ele no divórcio com Cristine e agora se encontrava sem compromissos, sem contas fixas e com uma boa reserva financeira. Havia decidido que assim permaneceria por pelo menos dozes meses. É o que muitos chamam de ano sabático, e Pedro queria poder viver esse período.

Difícil foi comunicar às pessoas em sua volta sobre essa decisão. A grande maioria não concordava ou com sua separação ou com sua demissão. A verdade é que para a maior parte das pessoas da rede de Pedro, buscar o desconhecido e recomeçar causava muita inveja, visto que muitos já haviam pensado em algo do tipo, mas poucos tiveram a coragem.

Mesmo diante de críticas, julgamentos e de uma torcida silenciosa e discreta para que ele se arrependesse (assim ficaria mais fácil suportar a inveja), ele seguiu em frente. Seu chefe não queria que ele se desligasse. Sua esposa não queria que ele tivesse perdido o divórcio. Mas pela primeira vez em sua vida Pedro resolveu tomar uma decisão baseada exclusivamente na sua própria opinião e desejo. Ele sabia que poderia ser um ato de egoísmo e que poderia se arrepender. Preferiu pagar para ver. O tempo diria.

Naquela primeira tarde em Amalfi, Pedro soube que havia uma pequena festa típica por lá. Um bar local estava promovendo um evento de um grupo de amigos que se encontravam todo ano por lá. O encontro já era famoso por juntar pessoas de toda parte do mundo e Pedro imaginou que aquela poderia ser uma boa coincidência para sua chegada à Itália. A cada ano, novas pessoas iam compondo o grupo que, na maioria das vezes, se via apenas naquele momento do ano.

Fazia muitos anos que ele não saia mais para encontrar pessoas diferentes. Ele estava empolgado com a ideia de poder encontrar mulheres interessantes para conversar e quem sabe viver um romance típico de uma viagem de um homem solteiro.

Naquela noite, conheceu Nina, uma típica italiana dona de um dos bares mais badalados próximos à praia.

Ela era todo o encantamento recente de Pedro. Era sete anos mais nova que ele, loira, baixinha, solteira e com um espírito muito aventureira, livre e provocador. Uma mulher movida pela vontade de viver intensamente todos os seus desejos. Desde muito cedo fizera um pacto consigo mesma de que não viveria uma vida sem realizar tudo que estivesse ao seu alcance. Sonhos e vontades que ainda não havia realizado era por ainda não ter sido possível, mas jamais por acomodação, medo de julgamentos ou resistência.

Seu bar era muito conhecido e ela o abria apenas por temporadas. Nos momentos em que o bar estava fechado, Nina estava em algum lugar do mundo. Seu investimento era todo voltado para viagens. Morava em um apartamento simples em cima do bar, tinha um carro simples e outras poucas aquisições. Tinha um estilo físico e de se vestir muito atraente, mas a sua forma desprendida de ver a vida era seu maior *sex appeal*.

Pedro fixou logo o olhar em Nina, primeiramente apenas por interesse físico. Sentou sozinho no balcão e pediu sua bebida de sempre, uma cerveja de trigo. O público do bar era muito descolado e logo havia pessoas conversando com ele e o colocando em contato com todo o grupo. Sua fluência na língua inglesa facilitava a integração. O grupo conversava sobre as diferentes culturas, os tabus de cada região no mundo e o quanto a forma livre e global de pensar lhes fazia bem. Era uma conversa empolgante para Pedro. Mal havia chegado à cidade e já tinha encontrado um espaço de conversas bacanas, que realmente lhe fazia abrir a mente para novas possibilidades. Era tudo o que ele estava procurando naquele momento.

Entre as conversas ele com frequência buscava Nina no olhar. Ela percebeu e se conectou. Levou uma bebida que Pedro não sabia nem pronunciar o nome, muito menos identificar os ingredientes.

– É para você, novo amigo.

– Para mim?

– Aqui no meu bar ninguém bebe o "de sempre".

E logo saiu pelo salão conversando com as demais pessoas. Pedro ficou quieto, simplesmente por não saber o que falar. Gostou da provocação. Largou a cerveja e se entregou àquela nova bebida. Rapidamente sentiu o efeito das frutas cítricas e do alto teor de álcool.

Fez um sinal para Nina que queria outro.

– Este caminho é sem volta!

Brincou ela ao entregar o novo copo.

Ele abriu os olhos. Coração acelerou no meio a confusão de não saber onde estava. Lembrou de Amalfi. Levantou a cabeça. A confusão retorna. Aquele não era o seu quarto de hotel. Ele estava só de cueca, deitado em um sofá. Sob a mesa um analgésico, três copos de água e um bilhete.

"Fique calmo.

Você dormiu aqui. A noite foi forte. Você foi o cliente que mais me deu lucro ontem à noite. Tome este analgésico e beba muita água. Muita.

Ao sair, é só bater a porta.

Bom dia.

Ah... não rolou nada. Não abusei de você.

Ainda.

Nina"

Ele riu. Ficou mais aliviado e assim retornou melhor sua memória. Lembrou que a noite tinha sido divertida. Muitas risadas. E até dançar sobre a mesa do bar daquela pequena italianinha ele dançou.

Lembrou vagamente dela lhe conduzindo para seu apartamento no andar de cima. Depois, mais nada. Sem memória.

Tomou o remédio e bebeu os três copos em sequência. O álcool teve efeito no seu corpo e ele precisava se hidratar.

Pegou sua roupa sob uma cadeira ao lado e começou a se vestir. Percebeu um bilhete no bolso da sua calça.

"Da próxima vez, levarei esta calça comigo."

Nina já havia encantado Pedro. Um ponto ágape estava surgindo. Não por ela em específico, afinal ainda mal se conheciam. Mas, sim, um amor pelo ambiente erótico que tanto lhe fazia bem. Um amor pela sua autoestima em reconhecer que estava sendo desejado. Um amor pela sedução. E nesta fase, o ponto ágape é egoísta. Quase um amor a si mesmo, que Nina apenas havia despertado.

Enquanto se deslocava para o hotel, Pedro ria sozinho. Não acreditava na coincidência de já ter tido algo tão legal na primeira noite. Ele estava empolgado. Com tesão. E isso lhe deixou vivo. Intensamente vivo.

Poderia não acontecer mais nada, o ocorrido já havia cumprido um papel muito importante naquela fase de sua vida. Pela primeira vez, Pedro não estava pensando se Nina era a mulher ideal, sua alma gêmea, se teriam filhos e onde morariam. Dessa vez foi diferente. Ele só queria viver o aqui e agora. Só queria planejar como que ele devolveria aquele clima todo que ela criou que tanto lhe empolgou.

Mais tarde, pegou uma bicicleta do hotel e foi até o bar da Nina. Estava fechado. Jogou então um bilhete por baixo da porta.

"Aquele cliente quer experimentar o que não deu tempo ontem."

O jogo da sedução havia começado intensamente. Seria possível isso tudo em poucas horas? Era a pergunta mais frequente em sua cabeça.

Resolveu chegar cedo naquela noite para rever os novos amigos e em especial a pequena italiana. Nina estava superatarefada. Mesmo cedo o bar estava bastante movimentado e eles apenas se cumprimentaram com sorrisos "mal" intencionados.

A brincadeira dos bilhetinhos estava divertida. Ele escreveu em um pequeno pedaço de guardanapo e largou para ela no momento em que passou por ele.

"Qual sua bebida mais afrodisíaca?"

Ela olhou de longe pra ele e piscou. Ele entendeu que ela havia entendido.

Nina voltou do balcão com um copo de água com gelo e o mesmo guardanapo com uma frase escrita de volta.

"Água. Qualquer coisa diferente disso vai atrapalhar o que já está predestinado."

Pedro se surpreendia com as respostas dela. Ela o deixava sempre sem saber como reagir. Precisava de algum tempo para pensar o próximo passo. Naquele jogo de "xadrez" era importante pensar em cada movimento. Já não lhe interessava mais o fim. Ele estava curtindo o meio.

"A água acabou. Hoje estou com sede."

Na mesa dele, os amigos da noite anterior revezavam uma sessão de piadas. Pedro ria para ficar no contexto. Mas ele não estava ouvindo nada. Naquele momento, o bar era só dos dois.

Dessa vez ela parou e se abaixou até ele. Largou outro copo de água e colocou discretamente a mão sobre a coxa dele. Apertou suavemente e deixou um papel. Levantou e saiu como se nada tivesse ocorrido.

"Vai começar. E quando começar começou. Depois, quando terminar, terminou."

Ele seguia se divertindo com seus bilhetes. Ficou excitado com o toque dela na sua coxa e ao mesmo tempo um pouco confuso sobre a intenção dela ao escrever aquela frase.

Seis dias depois, eles estavam vivendo um romance intenso. Pedro já havia deixado o hotel e tinha feito da casa de Nina sua nova hospedagem. A noite ela trabalhava e ele conhecia mais e mais pessoas interessantes com pontos de vista diferentes. Depois, ao fechar o bar, viviam momentos sexuais intensos. Avassaladores.

Durante a manhã costumavam acordar tarde e tomavam café filosofando sobre a vida. À tarde, Nina ia às compras para abastecer o bar e Pedro era agora seu ajudante.

Em uma manhã, caminhando próximo ao mar, Pedro resolveu perguntar:

– Até agora não entendi bem o que você quis dizer com aquele bilhete sobre começar e terminar.

– Eu vivo somente de presente, Pedro. A nossa sedução estava tão em alta que era óbvio que iríamos começar algo maior. E quando começamos, o que eu mais queria era realmente querer começar. Muito maluco?

— Nada! Adoro sua intensidade.

— Mas uma hora vai acabar. Gosto de ser livre. Você nem mora aqui. E quando acabar acabou. Nos transformaremos em memória. Mas teremos vivido algo intenso.

Aquelas frases de Nina eram muito importantes para Pedro. Toda aquela liberdade e intensidade andando de mãos juntas era algo transformador na vida dele. Com ela, ele se sentiu muito vibrante e aquela leveza do que representava a relação que estavam desenvolvendo era libertadora. Ele não queria mais seguir o modelo de ficar apaixonado. Ele agora queria viver o ponto ágape efêmero. Intenso. Sem compromisso. Um ponto ágape que quando nasce, nasce, e quando morre, morre.

As conversas entre eles, principalmente à noite, sempre tinham o ambiente erótico como pano de fundo. Falavam sobre fantasias, desejos, possibilidades. Escutá-la falando de sexo de uma forma tão aberta o deixava livre para expressar tudo o que pensava.

Nina não baseava suas relações em fidelidade, e, sim, em lealdade. Pedro estava descobrindo a diferença entre as duas coisas.

Para ela, nenhum amor serviria de justificativa para ela não ir atrás de realizar suas vontades. Ela tinha um profundo compromisso com a sua própria vida sexual. Mas era contra a falta de respeito, a mentira e a hipocrisia. Por isso, ela já explicava sua maneira de pensar desde o início de qualquer relação que tivesse. Para a maioria dos homens, era um modelo atraente e convidativo, pois assim também se sentiam livres. Mas com o passar do tempo, curto tempo, os homens ficavam desconfortáveis. A sensação de posse acabava participando dos debates e as relações esfriavam.

Em meio a alguns goles de espumante, Pedro resolveu romper sua curiosidade:

– Você é heterossexual?

– Não. Sou sexual. E ponto.

– Você e suas respostas que me botam para pensar.

– Não vivo destes rótulos, Pedro. Minha vida sexual é tomada por impulsos e curiosidades. Se eu tiver vontade de descobrir algo novo e isso for possível, eu farei. Nem que seja para reconhecer que não gostei.

Ele nunca havia pensado assim. Concordou com seu ponto de vista. E ficou pensando quantas e quantas vezes seus desejos ficaram reprimidos justamente por não se permitir essa liberdade de pensamento.

Obviamente, sua mente masculina o levou a imaginar que Nina poderia curtir uma transa a três.

– Você tem amigas que pensam assim também?

– Você quer saber se eu transaria contigo e uma amiga juntos?

A rapidez de Nina era assustadora e ao mesmo tempo encantadora. Ele riu. Ficou vermelho. Esse papo tão aberto quebrava intensamente todas suas crenças carregadas pela vida inteira.

– Sim. Seria o máximo.

– Então vamos fazer. Mas por você, não por mim. Embora eu já tenha feito, eu não curto muito. Mas quero lhe presentear com isto que é o mais sagrado que posso lhe dar.

– Sexo a três?

– Homens! Não... O melhor presente que posso lhe oferecer é a oportunidade de estimular que você se liberte de você mesmo. Se eu ficar na sua memória dessa forma, então terá valido muito mais a pena tudo o que estamos vivendo.

Isso tudo fazia com que Pedro, fora dos momentos tomados por tesão, refletisse sobre o ponto ágape que se cria ao nos sentirmos livres. O verdadeiro amor por ser livre.

Em uma tarde sozinho, sentado em uma praça, Pedro se lembrou de Cristine. Entendeu a força de viver o presente. Estava começando a entender que amar alguém profundamente, estando livre para deixar de amar, era o amor mais puro entre duas pessoas. Ficou feliz de lembrar que viveu isso com Cristine. Sentiu saudade dela.

O sexo a três havia sido sensacional. Tiveram outras experiências excitantes que foram momentos marcantes para eles. Conversavam tanto sobre suas fantasias que tudo estava sendo realizado de forma muito rápida. Era quase como se cada dia eles criassem um cenário erótico novo. Ambos não tinham uma frequência sexual tão intensa já fazia algum tempo. A cada noite, um gozo diferente. Uma catarse de energia que ocorre quando uma fantasia reprimida é realizada sem culpa.

Mas ao mesmo tempo, passado o gozo e a desaceleração de toda empolgação, Pedro se deu conta de que aquilo tudo era só um momento. Um pequeníssimo intervalo de tempo em uma escala da vida. E somente agora havia entendido a profundidade do conceito de Nina de que quando as coisas acabam, elas acabam. Ele teria a liberdade de querer repetir. Ela teria a liberdade de não mais querer propiciar. Mas a vida era muito maior do que isso. Todo esse contexto erótico era inspiração por viver. Mas não era tudo. Nina ensinava para Pedro que este tudo, não existia.

Lembrou de uma noite em que ela, no meio do sexo, o puxou pelo cabelo, o olhou profundamente nos olhos e disse: "Quando transar comigo, transe comigo."

Foi essa ausência que complicou a relação com Cristine. Mas por algum motivo, a ex-esposa estava de volta em seus pensamentos. Pensou que poderia conversar sobre isso com Nina, visto toda sua abertura.

– Talvez você ainda a ame, Pedro. Já pensou nisso?

– Já.

– Mas você murchou como homem viril, e o casamento pagou o preço.

– E teria como não pagar este preço?

– Acredito que não.

Seguiram aquela conversa, aprofundando as percepções sobre uniões estáveis, sobre quem ele era diante de Cristine e sobre possibilidades que ainda não haviam sido pensadas por ele.

Nina lhe mostrava que, com ela, ele havia voltado a se sentir valorizado nos aspectos mais primitivos, no desejo, no sexo. E talvez justamente essa mudança de percepção própria tenha lhe dado espaço para reconhecer outras questões que ele tinha com Cristine que foram deixando de ser vistas.

No outro dia, no café da manhã, Nina comentou:

– Chegou a hora de terminar, Pedro.

– Como assim?

– Você não está mais aqui. Mas amei o tempo em que esteve.

– Quem é você, Nina?

Desta vez foi ela quem ficou sem saber o que responder. Ela sabia que mesmo em poucos dias, tinha ajudado Pedro a se transformar em um homem mais livre e mais motivado. Ele também tinha dado a ela momentos de muitas risadas e uma experiência romântica um pouco acima do normal.

Naquele mesmo dia, Pedro retornou ao hotel.

Na manhã seguinte, ele acabou decidindo que iria embora. A viagem encurtaria pelos mesmos motivos. Ele já não estava mais lá.

Fez suas malas e optou por passar no apartamento de Nina para se despedir. Ficaram um tempo abraçados. Ambos estavam felizes. Eles sabiam que não poderiam afirmar se voltariam a se ver. Mas o que havia sido vivido ali fora intenso. Nina prometeu que se fosse visitar o Brasil o avisaria antes. Ficaram conectados pelas redes sociais e assim manteriam notícias.

De volta em casa, Pedro entendeu que o melhor seria seguir mais um tempo ainda em silêncio. Ele queria processar tudo o que havia vivido. Queria também se dar o direito de sentir saudade, seja de pessoas ou de experiências.

O tempo foi passando e seu pensamento foi ficando cada vez mais conectado em Cristine. Ele percebia que o ponto ágape que vivera com ela era muito mais profundo. Havia, sim, perdido o brilho da explosão, mas o ágape maior é o do amor por quem as pessoas são e não pelo o que elas fazem.

Ele já não sabia como Cristine estava. Se havia encontrado alguém ou se seguia sozinha. O medo da primeira opção lhe fazia ficar em silêncio. Mas lembrou do que aprendeu com Nina sobre ir em busca daquilo que tem vontade.

O seu desejo maior não era exatamente voltar com Cristine. Embora ele pensasse nisso, agora estava focado em viver o presente e, por isso, o que mais lhe movia era a possibilidade de conversar com ela e compartilhar o que tinha aprendido.

Ele também sabia que contar sua vivência com a Nina poderia ser arriscado demais. Apenas ele havia passado por toda aquela ampliação de consciência e para Cristine poderia soar como algo muito desconfortável. Mas era preciso dizer. Ele realmente precisava contar tudo o que viveu e assim poder tentar algo novo com ela. Se ela não entendesse, então valeu a caminhada, mas seria preciso procurar um novo destino.

O telefone toca. Ela atende.

– Oi, sou eu.

– Nossa! Quanto tempo que não falamos. Mas ainda ontem pensei em você.

– Que bom. Eu preciso ver você. Tenho algumas descobertas para lhe contar.

– Puxa, Pedro, não estava esperando nenhum reencontro. É muito importante para você?

– É muito importante para nós, Cristine. Só peço um encontro para me ouvir. Depois você decide o que quer fazer.

Reencontraram-se. Para alegria de Pedro, Cristine seguia solteira. Também tivera algumas poucas experiências, mas nada no sentido de tanto aprendizado quanto o que ele viveu.

A conversa que estava prevista para algo em torno de uma hora rendeu muito mais. Ficaram a noite toda conversando. Pedro percebeu que com Cristine ele conseguia falar muito mais dele na esfera íntima, enquanto que com a Nina as conversas eram filosóficas e provocativas.

Cristine não gostou da história na Itália, mas também não se sentia no direito de reclamar algo. Ela também compreendera e concordara com aquela conversa. Despediram-se sem combinar nada.

Ela saiu do encontro com vontade de ficar com ele. Ele saiu com vontade de tentar reconquistá-la.

Não se tratava de um ponto ágape a ser retomado. Mas um ponto ágape a ser construído.

Gabriel Carneiro Costa

Observação comentada

Este capítulo não teve um final clássico. Deixei aberto para seu imaginário. A intenção não é refletir sobre casamentos. Nem sobre sexo.

Meu objeto é refletirmos sobre o ponto ágape que desperta em nós mesmos quando somos desejados e quando estamos desejando. O ambiente erótico é o contexto ideal para desenvolver o jogo da sedução. E isto é vital para qualquer ser humano em busca da felicidade.

Este acaba se tornando uma carência na grande maioria dos casamentos longos, porém é algo muito maior na esfera individual do que ao par. Há uma necessidade de entendimento que na maioria das vezes nós mesmos vamos nos tornando mais relaxados com essa questão e por isso deixamos de gerar um ambiente sedutor à nossa volta. Obviamente não me refiro a questões de fidelidade com o outro. Jamais incentivaria alguém a trair o parceiro. Os contratos e as combinações de casal só dizem respeito a eles próprios. Refiro-me à dificuldade que temos de buscar em nós a esfera mais sedutora. Ninguém se torna mais ou menos desejado apenas por conceitos externos. A forma como nos posicionamos em cada relação tem impacto direto no que colhemos de cada uma delas.

Lembro de um cliente que atendi cuja autoestima estava tão baixa que todos os aspectos relacionados a sua libido, capacidade sedução e de atração estavam baixos. Não tenho como afirmar o que vem primeiro, mas essas questões estão ligadas a outras áreas em nossas vidas. Esse cliente apresentava baixo desempenho na empresa da qual era sócio. Seu casamento estava morno. Sua presença e dedicação com o filho era baixa. A relação com seu pai estava fria.

Um típico quadro depressivo. Como não trabalho com medicamentos, nestes casos sempre me cabe indicar somente outro profissional para analisar a necessidade e o impacto que um medicamento pode causar nesse perfil. Esse cliente estava tomando medicamento antidepressivo, mas não era suficiente. Era claro para mim a necessidade de ele se motivar por ele mesmo. Ele precisava voltar a se sentir importante, produtivo. E ele também precisava voltar a se sentir importante no contexto da sedução. Ele já não seduzia a si mesmo. Não seduzia outras mulheres. E não se sentia seduzido. E esta percepção independe da questão de fidelidade. Sentir-se sedutor é algo sadio e estimula a nossa capacidade de agir em prol da vida que desejamos. O que será feito a partir da sedução é particular.

Já atendi casais que tinham como regra o ambiente monogâmico. Já atendi casais que ficaram anos traindo (ambos) e só foram contar a verdade depois. Já atendi casais extremamente fiéis um ao outro. E já atendi casais que concordavam na liberdade de cada um viver suas experiências extraconjugais. Não me cabe qualquer tipo de julgamento. Cada um define a fórmula que gostaria de viver. O que me instiga a trazer esse tema para o livro é o amor próprio no sentido de se sentir importante e valorizado como homem ou mulher, também independente da orientação sexual.

A influência que essa sensação gera na nossa capacidade (ou não) de agir é imensa. Não é uma regra, mas de forma geral, pessoas que se sentem importantes costumam, de fato, fazer tudo para serem mesmo importantes.

Também existe o tipo de pessoa que, justamente por ter autoestima baixa, acaba reproduzindo um ambiente erótico e sedutor muito elevado de forma a suprir outras áreas já afetadas. Mas esse tipo de situação dura pouco tempo. Logo as pessoas ao redor percebem essa posição e não lhe dão credibilidade. Além disso, esse também não é o foco deste capítulo.

Outro ponto que trago para a história é amor maior do que o amor por um momento. Pedro pôde sentir na pele essa diferença. Cristine foi um amor maior, totalmente alinhado com a vida que ele sonhava. Nina foi explosão e paixão.

No caso de Nina, o ponto ágape não estava nela, e, sim, no próprio Pedro. E no caso de Cristine, o ponto ágape estava justamente na união deles.

Muitas vezes, precisamos nos afastar de certas coisas para podermos enxergá-las melhor. A sensação de fracasso não é nada agradável, mas pode ser boa quando entendemos que é justamente nesse momento de percepção de termos errado que ampliamos a nossa capacidade de enxergar o todo. A Itália permitiu isso em Pedro. Nina despertou sua empolgação. Mas ao mesmo tempo, passada a euforia inicial de tudo aquilo que é novo e é bom, Pedro pôde visualizar a real importância que Cristine tinha em sua vida.

Ela ainda o estava esperando. Mas nem sempre é assim. Lembro de uma cliente que tomou um caminho muito parecido como o de Pedro, mas quando tentou fazer o caminho de volta, o ex-marido não estava mais lá. Este é o grande risco. E o maior dilema é justamente que não podemos ficar apenas com a parte boa de cada decisão. Uma vez decidido, não dá para ficar imaginando como seria se tivesse tomado outra escolha. Essa reflexão, quase inevitável, não nos faz bem. Jamais saberemos como teria sido. Uma decisão tomada fecha todos os outros "e se?" e é necessário seguir em frente. Esse questionamento só é interessante quando pensamos em futuro. O que pode ocorrer se eu escolher determinada atitude? Mas para passado, impossível.

Pedro corria o risco de não poder voltar. Mas ao mesmo tempo, ele jamais sentiria vontade de voltar se não tivesse partido. E essa é a imensa complexidade da vida.

Para querer voltar é necessário partir. Para partir é necessário correr o risco de não poder voltar.

Use este espaço vazio para refletir seu momento de vida

Use este espaço vazio para refletir seu momento de vida

Capítulo 6

Três segundos para Machu Picchu

Os olhos mal abrem. Entra uma luz suficiente para enxergar o médico se aproximar:

– Vamos injetar o sedativo e a anestesia em você, Samuel. Em seguida o senhor vai dormir.

Não havia mais energia para responder. Apenas um rápido sinal com a cabeça e tudo começou a apagar.

– Mas não se preocupe. Vai dar tudo certo, Samuel.

Meses antes, Samuel estava empolgado em um jantar com amigos programando uma viagem de moto. O destino: Machu Picchu, no Peru.

Ele vivia um casamento muito equilibrado e satisfatório com sua esposa, Ana Maria, mas ela nunca gostou dessa apreciação pelo mundo de duas rodas. Tinham um filho, Santiago, que ao completar vinte anos estava indo morar com um grupo de amigos. Eles formavam uma agradável família uruguaia.

Prestes a completar cinquenta e dois anos, Samuel queria poder fazer a viagem dos seus sonhos. Sabia que não teria apoio da sua família, mas dessa vez estava disposto a seguir em frente. Não suportaria a ideia de envelhecer sem poder ter realizado tal proeza.

Formou-se um grupo de sete participantes que haviam decidido encarar uma longa viagem e ir visitar a energia mística de Machu Picchu e naquela noite estavam fazendo a revisão final de rota. O grupo partiria na manhã seguinte.

Santiago estava eufórico. Aquela era sua festa de dez anos de idade. Eles estavam reunindo família e amigos em um clube na cidade onde moravam, Montevideo.

No meio da festa, ele começou a ficar preocupado. Seu pai ainda não tinha aparecido. Samuel tinha uma carreira executiva e viaja com muita frequência. Ele havia prometido a Santiago que estaria presente na festa, mas seu histórico não deixava o filho confiante.

E assim, mais uma vez, a festa encerrou e Samuel não apareceu. Por mais que os demais familiares tentassem confortar aquele menino, a dor da ausência do pai era maior. Santiago tinha uma boa relação de admiração com Samuel, porém sentia na pele, desde muito cedo, a cobrança e a ausência do pai.

Como a maioria dos pais, Samuel sempre teve alta expectativa com o filho. Desejou que começasse a caminhar antes da média. Queria que o filho fosse o primeiro a falar entre os amiguinhos. Quando chegou a vez dos esportes, no futebol estimulava o menino para ser o craque da escolinha.

E assim como a maioria dos bons filhos, Santiago se esforçou como pôde para atender toda essa expectativa. Havia se tornado uma criança muito educada, com excelentes notas escolares, bom desempenho nos esportes e com uma maturidade para conversar com os adultos de uma forma encantadora.

Mas a ausência era a parte mais dolorida dessa relação. Por vir de uma família financeiramente muito humilde, Samuel trabalhava intensamente na crença de propiciar ao filho a qualidade de vida que nunca tivera. Isso lhe gerava uma conta alta a ser paga – pelos dois.

Em muitos momentos importantes e significativos na vida de Santiago, seu pai não pôde estar lá. Como Samuel sempre foi afetivo, ele sempre tentou compensar em outros momentos e tinha longas conversas com o menino para lhe explicar os motivos que o haviam impedido.

O sol ia nascer e os sete amigos pareciam crianças com seus brinquedos prontos para realizar um sonho.

Samuel havia comprado um equipamento especial de som, com uma seleção de músicas que marcaram sua vida. A intenção era poder usufruir de toda aquela longa viagem relembrando momentos marcantes e emocionantes.

Naquele mesmo dia, pararam para almoçar na simpática cidade de Colônia de Sacramento, ainda no Uruguai. Uma cidade fundada em 1680 a mando do império português. À tarde, durante um passeio pela cidade, Samuel soube da história daquele lugar. Logo após o descobrimento do Brasil, uma expedição comandada por Martim Afonso de Souza tinha o objetivo de marcar a posse daquela terra que fica às margens do Rio da Prata. Porém, mesmo determinado a se tornar um navegador ilustre, sua embarcação naufragou e seu objetivo não foi completado. Somente anos depois foi fundada a Colônia do Santíssimo Sacramento, utilizando o Rio da Prata como divisa com Buenos Aires, na Argentina.

Sentado na Praça 25 de Maio, também conhecida como Praça Maior, refletindo sobre essa história enquanto provava um mil-folhas de doce de leite uruguaio, Samuel fez uma conexão com outras tantas coisas de sua vida. Na busca por se tornar ilustre na sua carreira e na sua vida profissional, seu "navio" também havia naufragado. Sentiu um aperto no peito e uma enorme saudade do filho. Santiago crescera, e aquela viagem estava só começando.

Seguiram por lindas estradas e cidades durante os dias seguintes. Sempre com paradas estratégicas que misturavam descanso, manutenção das motos e turismo.

Como era interessante fazer uma rota longa e agradável para aqueles sete aventureiros, era quase obrigatório irem a Ushuaia, a Província da Terra do Fogo, na Argentina. Naquela tarde extremamente ensolarada, as motos foram estacionadas no centro daquela cidade que cresceu lentamente em torno de um grande presídio. Hoje, com o presídio desativado, Ushuaia era conhecida como a cidade mais austral do mundo, por ser considerada a cidade mais ao sul de todo o planeta.

O frio daquele lugar lhe foi suportado ao receber um vídeo da sua esposa e filhos pelo *smartphone*. Em mensagem eles declaravam a saudade e seguiam na torcida que a viagem fosse boa. A sensação de liberdade que a moto lhe proporcionava era algo que não podia ser descrito. Mas a saudade que cada viagem gerava também era forte o suficiente para querer voltar. Isso já era recorrente em suas viagens. Samuel gostava de sentir essa saudade e era sempre nos momentos de muito relaxamento e prazer que ele voltava a se conectar com sua família. Justamente por isso sua esposa, mesmo não gostando, não reprovava as viagens de moto. Ela sabia que ele sempre voltava melhor, mais feliz e mais conectado.

Com quinze anos de idade, Santiago pediu para fazer terapia. Ele queria começar a conversar sobre a pressão que sentia em ter que sempre atender às expectativas dos pais. Ele tinha a clareza do quanto era amado e se relacionava de uma forma muito afetiva tanto com sua mãe quanto com seu pai. Mas ele queria poder começar a tomar as próprias decisões, mesmo que essas frustrassem a projeção de filho perfeito que eles haviam feito ao longo dos anos. Ele havia amadurecido cedo e já buscava entender melhor a jornada que viria pela frente. Nunca chegou a culpar o pai pelos diversos momentos de ausência. Porém muitas vezes já havia manifestado o quanto aquilo era triste. A sua própria definição de carreira passava por essa dor. Mesmo com quinze anos, ele já pensava em alguma carreira que lhe desse mais prazer. Ter crescido vendo o pai trabalhar tanto com algo que não era tão significativo tinha sido um bom aprendizado. Na cabeça de Santiago, a ausência de Samuel poderia ser mais facilmente entendida se ele visse seu pai se realizando como pessoa, vivendo seus sonhos e sendo um homem mais feliz, exatamente o que ocorria quando Samuel viajava de moto. Mas ao contrário disso, a maioria dos momentos em que ele não pôde contar com pai foi por ele estar trabalhando. Samuel não chegava a se incomodar com a sua própria carreira. Havia seguido uma profissão orientada pelo pai (avô de Santiago) e nunca tinha se dado permissão de questionar o quanto aquilo dava algum sentido à sua vida. Cresceu e trabalhou automaticamente em busca de proporcionar à família algo melhor. Mas agora era a vez de Santiago rever tudo isso. Como filho, pôde entender os ganhos e as perdas das decisões que os pais tomaram, mesmo que muito norteados por amor e pelo bem da família. Por isso ele não era crítico de nenhum dos dois, mas estava disposto a desenhar uma história diferente.

Na manhã seguinte, dessa vez acompanhado de sol e nuvens, o grupo seguiu viagem. Outro ponto magnífico era o deserto do Atacama, localizado no Norte do Chile até a fronteira com o Peru. Samuel nunca estivera ali e aquele era um dos pontos que ele sonhava em conhecer. Enquanto percorriam a estrada que cruza o deserto, chorou por trás da viseira. Desde sua infância tinha o sonho de conhecer aquele lugar. Emocionou-se com a beleza daquela grandeza ao mesmo tempo em que lamentava por ter levado tantos anos para estar ali.

Pararam para almoçar no vilarejo São Pedro de Atacama onde conheceram outros grupos de viajantes. Mochileiros, fotógrafos, motociclistas e jipeiros. Todos em busca de uma aventura e conexão com a natureza. Alguns indo para o Sul, outros para o Norte. Pontos ágapes sendo cruzados em um ponto geográfico no meio do "nada". Viajantes experimentando o amor por sonhos que são realizados, o amor pelos traços da natureza e o amor por percorrer uma jornada independentemente do destino.

À tarde seguiram pela bela estrada composta por longas retas e suaves curvas. Samuel era o segundo da sua turma e na sua frente estava Pablo, um amigo recente com quem durante toda a viagem dividiu o quarto. Na noite anterior, Pablo havia comentado que estava com muita saudade de sua esposa e que na volta ao Uruguai a levaria para um final de semana mais romântico em Colônia do Sacramento. Ela merecia. Aquela conversa tinha também animado Samuel. A viagem o fazia refletir a respeito de atitudes afetivas que ele tinha parado de realizar para as pessoas que eram muito importantes em sua vida.

Em uma determinada curva um pouco mais acentuada Samuel se distraiu em meio aos raios de sol. De repente, assustou-se ao ver Pablo, na sua frente, escorregando pelo asfalto. Em três segundos seu corpo rolou pela terra e atingiu uma pedra no mesmo instante em que sua moto rolava ainda pelo asfalto espalhando destroços pelas duas pistas. Samuel pisou bruscamente no freio e nos mesmos três segundos seu coração acelerou. No meio daquele sonho ele não poderia estar vivendo aquele pesadelo. Enxergou o corpo de Pablo bater forte contra a pedra na beira da estrada e cair totalmente imóvel alguns metros à frente.

Mal largou sua moto e correu até Pablo. A posição do corpo indicava que o impacto tinha sido forte. Lentamente abriu a viseira, tentando não movê-lo da posição, e percebeu que a situação era trágica.

Pablo faleceu naquele exato instante. Não tinha mais nenhum sinal vital. O grupo todo, à beira da estrada, silenciava. Uma mistura de tristeza e pânico tomava conta de todos. Ainda levaram algumas horas ao lado do amigo que partira até chegarem as autoridades legais para remoção do corpo. Samuel não tinha condições de conversar. Outra pessoa do grupo se prontificou a avisar a família sobre o acidente, e enviar alguém para poder liberar o corpo de Pablo.

Naquela noite, enquanto jantavam todos cabisbaixos, precisavam tomar uma decisão. Alguns tinham desejo de seguir viagem. Outros preferiam voltar. Samuel estava decidido a voltar. Não tinha mais condições emocionais para seguir a rota, por mais que fizesse parte de seu sonho. Ele ficou intrigado por ter levado a vida toda para realizar a ida ao Atacama e, justamente lá, presenciou a morte de um amigo. O que isso tinha a lhe dizer.

O grupo se dividiu. Quatro amigos seguiriam a viagem e dois voltariam para o Uruguai, entre eles Samuel. Esperariam os familiares chegarem e acompanhariam a volta. Houve um pequeno desentendimento do grupo por essa opinião dividida, o que gerou um clima ainda mais desconfortável. Aqueles que decidiram seguir estavam dispostos a realizar seus sonhos e homenagear Pablo em Machu Picchu. O ponto ágape maior era pela própria realização deles. Os outros dois estavam querendo voltar, pois entendiam que a viagem havia perdido sentido, e neste caso o ponto ágape era em consideração à morte do amigo.

Sozinho no quarto do hotel, Samuel refletiu que poderia ter sido ele. Aqueles três segundos levaram Pablo para uma outra dimensão, e mudaram o rumo da viagem. Machu Picchu não seria o destino desta vez. Samuel ficou abalado ao pensar quantas coisas ficariam para trás caso tivesse sido ele quem partisse. Novamente pensou muito no seu filho e resolveu escrever um e-mail:

"Amado Santiago,

Hoje ocorreu algo muito triste aqui no Atacama. Nosso amigo Pablo sofreu um acidente e morreu. Não quis telefonar para você, pois não conseguiria falar. Mas fique tranquilo, eu estou bem. E estou voltando para casa. Amanhã cedo ainda estaremos envolvidos com algumas questões burocráticas por aqui e depois voltaremos para o nosso país.

Quis escrever, pois neste momento estou no quarto, sozinho – Pablo era o meu companheiro de quarto –, pensando sobre o que ocorreu. Poderia ter sido eu.

Nossa! Tanta coisa passa pela cabeça, meu filho.

Eu não poderia partir sem lhe dizer o quanto te amo. Desculpa por ter passado uma vida envolvido com o trabalho e não estar com você em momentos tão marcantes. Você cresceu e se tornou este homem de que tenho tanto orgulho.

Fiquei aqui lembrando quantas vezes o cobrei para ser o melhor. Eu queria que meu filho fosse o mais genial em tudo o que se envolvesse, mas nunca parei para escutar se era o que você queria. Desculpe, filho. Falhei, mas foi por amor.

Pude lhe dar bons estudos, uma boa casa, um bom estilo de vida. Mas não sei se pude lhe dar uma boa presença. Acho que não.

Agora estou aqui, triste pela partida de um amigo, no meio de um sonho interrompido que me força a pensar em você.

Estou voltando e, assim, recomeçando. Decidi, hoje, que vou vender a minha moto. Este ciclo se encerrou. Tive a ideia de alugar um jipe e convidá-lo para juntos, eu e você, voltarmos aqui no Atacama e irmos até Machu Picchu. Será fantástico, não acha?

Estou bem, filho. Fique tranquilo. Apenas é importante que lhe diga o quanto te amo.

Beijos e até breve.

Do seu pai, Samuel"

Samuel decidiu parar em um posto de gasolina, na entrada da cidade de Montevideo. Ele já estava chegando em casa e estava feliz por isso. Enquanto a moto era abastecida ele foi ao banheiro.

Ao lavar as mãos, sentiu um mal-estar. Não conseguiu levantar as mãos. Olhou no espelho e viu a musculatura do seu rosto paralisar. Ficou tenso. Coração acelerou. Ele sabia que era um péssimo sinal. Caminhou até o balcão da loja e tentou pedir ajuda. As palavras mal saíram de sua boca. Começou a escurecer. Alguma coisa grave estava ocorrendo.

Apagou.

Os olhos mal abrem. Entra uma luz suficiente para enxergar o médico se aproximar:

– Vamos injetar o sedativo e a anestesia em você, Samuel. Em seguida, o senhor vai dormir.

Não havia mais energia para responder. Apenas um rápido sinal com a cabeça e tudo começou a apagar.

– Mas não se preocupe. Vai dar tudo certo, Samuel.

Em três segundos ele entraria em processo cirúrgico de alto risco.

Enquanto Santiago se emocionava lendo o e-mail do seu pai, o telefone toca repentinamente.

– Santiago?

– Sim.

– Seu pai, Samuel...

– Aconteceu alguma coisa?

– Seu pai deixou o seu telefone em um documento que localizamos...

– Sim, mas aconteceu alguma coisa?

– Ele está hospitalizado e passando por uma cirurgia neste momento.

– O que houve?

– Ele sofreu um AVC.

– Mas onde ele está?

– No Hospital de Clínicas aqui em Montevideo. Você pode vir até aqui?

Não deu tempo de escutar a resposta. Santiago desligou o telefone e foi em direção ao hospital também conhecido como "Dr. Manuel Quintella", na avenida Itália. Enquanto percorria as ruas com pressa, Santiago ficou muito tenso. Ficou pensando no e-mail que havia recebido do pai e quantas coisas ele queria poder dizer de volta. Estava chocado que a viagem já havia sido trágica pela morte de Pablo e que agora não poderia acontecer algo ruim com seu pai.

Entrou correndo pelos corredores do hospital e chegou até a unidade de tratamento intensiva. Apresentou-se e logo um médico apareceu.

Silêncio.

Ausência.

Saudade.

Samuel não havia resistido. A dor que tomava conta de Santiago era insuportável. Ele não pôde se despedir do pai. Ele não pôde devolver aquele e-mail. Ele não pôde dizer que perdoava o pai por todos os erros, pois o ponto ágape que sempre os uniu foi muito maior.

Machu Picchu ficou pelo caminho. As desculpas ficaram pelo caminho. A consciência da possibilidade de ser um pai melhor ficou pelo caminho.

Agora a dor era o próprio caminho.

Com o passar do tempo Santiago pôde entender que o tempo acerta muita coisa, mas não acerta tudo. Certas coisas não podiam ficar para "um dia destes". Ele se agarrou na sua fé para que pudesse manter alguma comunicação com o seu pai em um imenso desejo de um dia reencontrá-lo.

Aprendeu que o ponto ágape também ocorre para pessoas que já partiram. E todo viajante deste plano que parte deixando uma profunda saudade deixa junto um ponto ágape que não será esquecido. A dor da ausência beirava momentos insuportáveis, mas era a certeza de um ponto de amor maior. O amor por aquele que já tinha partido.

Cinco anos depois, Santiago estava de volta ao hospital das Clínicas de Montevideo. Desta vez para celebrar a vida. Em poucos minutos ele segurava em suas mãos aquele que seria um dos seus maiores pontos ágapes ao longo da vida, a sua filha.

Naquele dia, ele entendeu que a relação entre pais e filhos além de ser eterna é extremamente profunda. Nos passos da pequena Pilar, Santiago descobriria novos aprendizados do seu pai, Samuel, mesmo que já tenha partido. O ponto ágape daqueles que partem faz com que os ensinamentos jamais se percam. Morre um corpo, mas não morre o amor.

Observação comentada

Este é um dos capítulos mais emocionantes para mim. Muita coisa sobre a paternidade eu só aprendi depois que meu filho nasceu. Minha esposa é psicóloga clínica infantil e como trabalhamos em áreas próximas, muitas vezes estudamos os mesmos assuntos.

Dessa forma, cerca de um ano depois que meu filho nasceu, uma amiga nossa apresentou o conceito de um movimento mundial chamado *slow parenting* (parentalização lenta). Lendo alguns artigos sobre o tema, vimos a expressão Pais Sem Pressa, gostamos tanto que acabamos tomando posse e criando um blog sobre o tema. O blog originou um movimento nas redes sociais e depois um evento, em que eu e minha esposa palestramos e conversamos com pais e professores. O projeto cresceu e já pudemos realizar diversas vezes o Pais Sem Pressa em escolas, congressos e eventos municipais.

E é justamente esta a ideia central deste capítulo. A atividade de ser pai ou mãe não tem idade. O resto da vida os filhos continuarão a desejar que sejam reconhecidos, acolhidos e amados. O que ocorreu com Samuel ocorre com a maioria das famílias nos dias de hoje. Em busca de melhores empregos, salários, conquistas patrimoniais e principalmente o excessivo estímulo ao consumo faz com que os pais estejam muito mais ausentes.

Dentre as premissas do movimento Pais Sem Pressa, acreditamos no conceito de que estar presente é o melhor presente. Independentemente do tempo que cada pai vai passar com seu filho, o importante é que naquele tempo eles realmente estejam. Samuel perdeu momentos muito preciosos com seu filho em função de uma vida de trabalho. Nem mesmo seus próprios sonhos ele pôde realizar e aquela consciência doeu demais, da mesma forma que dói em todos os pais e mães que já passaram pelo meu trabalho e que se sentem tomados pela culpa de não estarem tão presentes na vida dos filhos.

Jamais incentivaria que deixasse de lado outras tantas importantes áreas em suas vidas para que se dedicassem exclusivamente a serem pais ou mães. Mas ao mesmo tempo, na minha percepção, não faz sentido uma vida dedicada a uma vida dedicada a tantas coisas, tendo apenas momentos que sobram para os filhos. No futuro, a conta fica alta para todos os envolvidos.

E quando me refiro a estar presente, estou querendo trazer o conceito de conversar, brincar, estimular, ensinar. Digo isso, pois percebo nos dias de hoje que os momentos de presença dos pais acabam sendo muito mais direcionados para cobranças.

Como vivemos em uma sociedade que compete pela posição de perfeição, vemos pais e mães na busca enlouquecida por serem pais perfeitos. Mas como podemos afirmar que um pai ou uma mãe foram perfeitos? Se tiverem filhos perfeitos. Aí, o grau de cobrança é de todos os lados. Pais e filhos, ao invés de estarem unidos no usufruto de um ponto ágape, unem-se na tensão e expectativa para atender às demandas que sociedade nos "cobra".

Conheço muitos casais que precisam o tempo todo provar que seus filhos são perfeitos. Nunca abrem nenhum defeito das crianças. Tudo com que elas se envolvem é de alto desempenho. Treinam seus filhos para serem bons conversadores com os adultos. Estimulam o desenvolvimento de uma maturidade para agradar aos mais velhos. E, no final, dizem que não fizeram nada disto e que foram seus filhos que escolheram ser assim. Ora, como uma criança pequena tem o poder de decidir algo na sua vida que não seja justamente para agradar seus pais?

Isso faz com que vejamos tantas crianças nas nossas voltas com agenda lotadas. Desde cedo se tornam minichefes de cozinha, miniexecutivos, mini-isso, mini-aquilo. São crianças!

Lembro de um dia ver meu filho, com dois anos, pegar um violão e conseguir posicionar os dedos no lugar certo. Pronto! Estava eu ali diante de um novo Paul McCartney. Depois ainda vi que ele segurava com a mão canhota. Aquilo deveria mesmo ser um sinal!

O problema é que esse tipo de situação nos pressiona como pais e, principalmente, pressiona os filhos a serem pessoas muito especiais e que mostrem seus talentos aonde forem.

Atualmente, meu filho é reconhecido por ser uma criança simpática. Com muita frequência escutamos a frase "ele está sempre sorrindo". Claro que é algo que nos faz muito bem. Nos enchemos de orgulho de ter um filho assim. Mas quando me conecto com a lógica do movimento Pais Sem Pressa fico pensando se damos permissão para um dia, se ele quiser, não ser mais simpático. É algo difícil, pois da boca para fora é fácil dizer que damos essa permissão, mas na prática isso raramente ocorre. E assim vamos construindo uma personalidade menos livre e mais agarrada ao perfil que "dá certo". Exatamente como ocorreu com Santiago.

Criança nenhuma merece super pais. Criança nenhuma merece a expectativa de ser um super filho. Mas isso não pode ser confundido com omissão e ausência – trata-se apenas de desenvolver o espaço de liberdade para que as crianças possam ser. Permitir que os filhos sejam quem quiserem ser. Isso não significa que as crianças possam fazer o que quiserem. Somos adeptos da necessidade de rotina, regras e limites. Mas a permissão para que os filhos sejam quem querem ser passa por aceitar que um dia eles não serão simpáticos. Um dia não tirarão as melhores notas. Um dia não vão querer debater assuntos que nos agradem. Um dia vão nos envergonhar de algo.

Essa permissão também é uma benção para nós mesmos na atividade de ser pai ou mãe. Não seremos pais perfeitos. Vamos falhar. Um dia nossos filhos vão se sentar na frente de alguém para falar mal de algo que fizemos (ou deixamos de fazer) na educação deles. Isso é uma premissa da vida, e nós deveríamos aceitar isso com mais naturalidade para não chegarmos no ponto de dor como Samuel chegou.

A história dos pais não é a história dos filhos. Querer que os filhos sejam bons em algo que nós não fomos é natural. Mas forçar que isso ocorra alegando que sabem o sofrimento que vai gerar é misturar demais as histórias.

Se o foco é dar aos filhos aquilo que os pais não tiveram, então o olhar tem que ser nas crianças e não na lembrança das suas infâncias. Querer resolver uma questão sua de infância na gestão da educação dos filhos é gerar um ambiente desequilibrado.

Tudo isso é feito por amor de pais que obviamente querem o bem dos seus filhos. Mas não significa que não podemos pensar em uma forma melhor de educarmos nossos filhos.

Nesta relação o foco não está nos filhos que queremos ter, mas nos pais que desejamos ser. Teremos apenas alguma influência sobre nosso filho (ou filha). Mesmo que seja muita influência, jamais será algo que teremos total controle. Já o pai ou a mãe que queremos ser depende apenas de nós.

Samuel precisou percorrer o deserto e perder um amigo para se dar conta das diversas cobranças exageradas que sobrecarregaram a história do seu filho, Santiago. Ele tinha a clareza de que fora um bom pai, pois Santiago era também um querido filho. Mas pôde enxergar que existia um outro caminho, mais leve e mais presente. E isso poderia ser modificado entre eles mesmo Santiago já estando adulto.

O outro ponto que este capítulo aborda é a morte, que aparece em dois momentos. E por mais dolorosa que possa ser, a morte também pode se tornar um grande ponto ágape. O amor maior pela saudade, pelos aprendizados que as pessoas que partiram deixaram; o amor lembrança do que foi vivido é um ponto ágape lindo de ser sentido. A dor da perda pode passar, e isso não significa deixar de amar quem já partiu. A maior forma de demonstrar este amor é levar estes aprendizados e lembranças para um mundo em que somente aqueles que aqui permaneceram podem conhecer.

Nesta abordagem em específico, Samuel morre de uma forma inesperada. Certamente você já viu histórias parecidas na sua volta. A morte está presente o tempo todo para todas as pessoas e é somente quando entendemos essa questão permanente que entendemos o valor de estar vivo.

Infelizmente, neste tipo de morte costuma ocorrer uma grande dor por coisas que não foram ditas, por emoções que não foram demonstradas e por vivências que não foram permitidas.

Por isso entendo que toda vez que cruzamos um ponto ágape em nossas vidas, algo precisa ser feito. Trata-se de um ponto que não pode esperar. O ponto ágape precisa ser maior e, portanto, alguma ação se torna necessária.

Samuel não pôde escutar do filho a sua percepção porque escolheu o e-mail como forma de comunicação. Um telefonema teria sido muito mais eficiente. A morte do amigo tinha sido destino, enviar apenas um e-mail tinha sido uma decisão. E a vida é este fluxo entre destino e decisão.

Quanto mais nos focarmos em deixarmos filhos melhores para o mundo, mais conectados com este ponto ágape estaremos. O nascimento da filha abriu para Santiago a possibilidade de ressignificar os fatos que ocorreram e transpor todos os aprendizados por meio do amor.

Entendo a relação entre pais e filhos como um ponto ágape sendo transmitido e modificado a cada geração. Um ponto que gera um novo ponto!

Use este espaço vazio para refletir seu momento de vida

Use este espaço vazio para refletir seu momento de vida

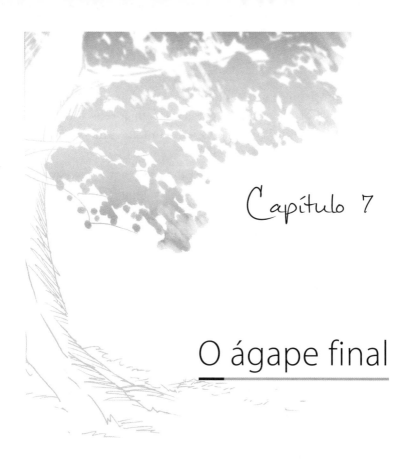

Capítulo 7

O ágape final

O pequeno Frederico olhava profundamente aquela foto. Um retrato em preto e branco de seus bisavós abraçados em um banco de praça. Vovô Amaro e vovó Penélope eram uma referência de amor para toda família. Seus filhos e netos deles brincavam que buscavam viver um amor tão bonito como eles haviam vivido.

Uma lágrima de saudade escorreu pelo seu rosto. Ele ainda era muito pequeno para entender a complexidade da morte, mas já era grande o suficiente para entender a dor da ausência. Frederico teve estes bisavós presentes em todos os seus oito anos de vida de uma forma muito amorosa, e recentemente eles haviam partido. Ele com noventa e oito anos, ela com noventa e dois.

Amaro conheceu Penélope em uma feira no centro da cidade do Porto, em Portugal. Casaram jovens e o maior sonho era construir uma grande família. Ambos sempre gostaram da ideia da casa cheia.

Quando casaram, Amaro trabalhava em uma vinícola tradicional da região do Douro e Penélope produzia doces caseiros para complementar a renda do casal.

Ao longo dos anos, tiveram quatro filhos. Quando nasceu a única filha mulher e caçula entre os quatro, Amaro e Penélope decidiram que era momento de ir em busca de outro grande sonho, ter a própria vinícola. Assim, fundaram uma pequena fábrica de vinhos e o desejo deles era que os filhos pudessem ter a opção de um lugar seguro para trabalhar. E foi dessa forma que desde muito cedo as quatro crianças se envolveram no negócio da família. A forma dedicada com que Amaro produzia as uvas e a maneira afetiva como Penélope cuidava do processo de produção levaram o vinho ali produzido a ser reconhecido rapidamente. Em poucos anos, a vinícola já era conhecida por toda a Europa, e a situação financeira da família ficou muito mais estável.

Os filhos cresceram e se tornaram adultos. Os dois mais velhos seguiram na vinícola, elevando ainda mais seu patamar. Com novas visões de modelos de gestão puderam expandir os negócios e se tornaram uma das maiores produções de vinho de qualidade de Portugal. Já os dois filhos menores seguiram caminhos diferentes. Um optou por abrir uma empresa de exportação que entre outros produtos, exportava os próprios vinhos da família. E a caçula seguiu a carreira de chef de cozinha abrindo seu próprio restaurante que oferecia pratos harmonizados com as bebidas produzidas no negócio familiar.

Dos filhos vieram os netos e dos netos vieram os bisnetos. Amaro e Penélope tinham construído uma grande casa de campo na mesma área da fábrica matriz do grupo e era por lá que a família sempre se encontrava para almoços longos com muitas conversas, brincadeiras, rodas de canto e, obviamente, muito vinho.

A casa, junto à fábrica, ficava na famosa região do Douro, uma das mais típicas regiões produtoras de vinho de Portugal, e que tem esse nome por ser banhada pelo rio Douro. A região produz vinhos há mais de dois mil anos e o mais tradicional é o vinho tinto licoroso, o vinho do Porto, que se tornou mundialmente conhecido depois que passou a ser exportado para os ingleses.

O lugar tinha uma paisagem espetacular. Em um determinado domingo, fim de tarde, quando a casa silenciava após todos partirem para suas rotinas de início de semana, Amaro ficou sozinho na varanda enquanto Penélope regava as flores do jardim.

Ele fez mentalmente um resumo de sua vida. Penélope sempre foi o grande amor de sua vida. Isso sempre foi reconhecido por toda família. Mas na prática, dentro de casa, nem sempre foi assim. Nesse dia, ele lembrou os diversos momentos de crise que seu casamento havia passado. A chegada dos filhos, as dificuldades financeiras, os interesses por outras mulheres, o cansaço da rotina. Tudo impactou da mesma forma que impacta a grande maioria dos casais. A possibilidade de divórcio passou pela cabeça de Amaro algumas vezes ao longo desses anos todos de casamento. Mas naquela tarde, o ponto ágape do amor pela família estava sendo acessado. Naquela tarde ele sabia que ter se dedicado a manter o casamento tinha valido a pena. O que ele vinha vivendo naquela casa nos últimos anos não teria sido igual caso tivesse se separado.

Os momentos de fracasso conjugal agora eram memória, e ele tinha claro que se tivesse desistido do seu casamento a sensação de desconforto seria hoje muito maior.

Levantou-se para poder enxergar Penélope. As mãos com rugas de quem viveu inteiramente pelo amor, naquela tarde, cuidavam da parte mais florida da casa.

Amaro experimentava o ponto ágape pela história. O amor pela sua própria jornada. O amor pelo que já foi vivido. O amor por ter valido a pena as escolhas e renúncias que fez ao longo da vida. Ele olhava para Penélope com um olhar alegre. Lembrava dela ainda jovem transitando por aquela feira em busca de algo que jamais pensava ser ele. Ficou ali pensando sobre a diferença entre propostas e propósitos.

Desde muito cedo eles tinham o objetivo de vida comum de construir uma família próspera e unida. Este era o maior propósito que unia e guiava os dois. Com o passar do tempo muitas propostas apareceram. Algumas fáceis de recusar. Outras mais difíceis. E ainda houve aquelas em que Amaro não conseguiu recusar, mas que devido ao seu olhar sobre o propósito maior, deixaram rapidamente de ter valor e Amaro se conectava de volta ao seu plano.

Penélope olhou para Amaro e pelo seu rosto pôde identificar que ele estava em um momento nostálgico. Não precisava dizer nada, ela sabia o que se passava na cabeça dele. Seu modelo de vida sempre foi mais simples e mais estável. A grande aventura de sua vida foi justamente casar com Amaro.

Ele, inúmeras vezes, mudou de planos – criou novos vinhos, fez empréstimos arriscados, viajou o mundo em busca de novas ideais, investiu em negócios paralelos que na maioria das vezes deram errado. Amaro teve planos de morar em outro país. Pensou diversas vezes em vender a fábrica. Também teve momentos apaixonado por artes, por música, por teatro. Desenvolveu *hobbies* que mudaram muitas vezes ao longo da vida, passando pela náutica, gastronomia, poesia e alguns esportes.

Viver com ele era uma mistura de segurança que ele propiciava para ela e a eterna impermanência em algo. E mesmo passados tantos anos, isso encantava Penélope. Obviamente ela também sentia o peso dos anos sob seu casamento. Assim como ele, também teve seus momentos de incerteza. Ela não chegou a pensar em divórcio, mas muitas vezes questionou se o amor deles resistiria ao tempo.

Com o passar dos anos, Penélope se envolveu com os problemas dos filhos como toda boa mãe e em alguns momentos se sentiu sozinha. Amaro tinha um imenso amor por sua família, mas ele era muito mais disperso, distraído e encantado pela vida como um todo. Era Penélope quem lhe conectava com os fatos ao seu redor.

Amaro era o sonhador, o filosófico, um ser em mudança constante.

Penélope era a figura do amor, da união, da maturidade.

E nestes altos e baixos, o ponto ágape entre dois amantes sobreviveu. O casamento deles era real. Eles nunca esconderam os momentos difíceis e justamente por isso as pessoas se identificavam tanto com eles.

Enquanto mexia nas flores, Penélope também pensava que tinha valido a pena.

Eram quatro e meia da madrugada e Amaro liga para o seu filho que morava mais perto da sua casa. Com voz trêmula ele avisa que Penélope passara mal no meio da noite e que o motorista deles estava levando os dois ao principal hospital do Porto.

Em poucos minutos, boa parte da família já estava reunida na sala de espera enquanto Penélope era examinada. Ela tinha problema de pressão alta e dessa vez os sintomas tinham sido mais graves.

Algumas horas depois seu quadro era estável, porém ela ainda estava na UTI, o que previa um certo risco.

Amaro tinha diabetes e devido ao impacto emocional passou a ter sinais alterados.

Para desespero da família, Amaro também foi internato. Sua maior queixa era não poder ver e conversar com Penélope. Ele estava mais lúcido e ela mais debilitada. A família era grande e todos se revezavam para cuidar dos dois. Amaro sempre mais extrovertido fazia piada com médicos e enfermeiras e em uma determinada noite resolveu escrever um bilhete para sua amada e pediu que um assistente levasse até ela:

"Amada Penélope,

Pior do que estar doente e não poder lhe ver. Fico aqui sozinho pensando o quanto já vivemos e como tudo, no fim, valeu a pena.

Sinta o meu beijo.

Com amor,

Amaro"

Infelizmente, Penélope havia piorado o quadro e não tinha mais lucidez para ler o bilhete. O assistente resolveu ler para ela e deixou aquele pequeno pedaço de papel sob sua mesa de apoio.

Ao retornar para o quarto de Amaro, ele questionou:

– Conseguiu entregar para ela?

– Eu li o seu bilhete para ela, Sr. Amaro.

– Ah, que bom. Muito obrigado. Ela gostou?

– Sim, ela até manifestou um pequeno sorriso.

– E ela me mandou algum recado ou mandou algum bilhete?

– Infelizmente não.

– Não? Como não?

– Ela estava com pessoas fazendo alguns exames Sr. Amaro e por isto não pôde parar para lhe escrever.

– Não minta para mim. Como ela está?

O assistente ficou nervoso. Por um lado queria poder dar esperança para aquele senhor ainda empolgado com seu amor de longa data, mas por outro lado ele não pretendia mentir.

– Ela não está bem, Sr. Amaro. Ela está inconsciente.

Então Amaro se calou. Ficou olhando pela janela sentindo um aperto no peito. Embora nunca quis fazer grande contato com isso, sabia que um dia a morte separaria os dois. Uma vida inteira dedicada à família e à própria união com Penélope se tornava muito frágil diante da real possibilidade de partida dela.

Ele pediu aos filhos que fossem juntos até o hospital. Aproveitou que ainda tinha condições para comunicar a todos que já sabia que sua esposa estava em um quadro de risco. Pediu um beijo especial de cada filho, fez alguns recados específicos para cada um deles e fez questão de deixar claro o quanto amava cada um, na sua forma e o quanto eles haviam sido importantes na vida dele. Mesmo em clima de despedida, os filhos tentaram lhe animar mostrando que seu quadro era positivo e estava apenas exigindo alguns cuidados. Mas Amaro comentou que após tantos anos juntos sua vida não faria tanto sentido sem Penélope.

Por mais que parecesse um pensamento egoísta, Amaro sabia que seu tempo de vida também não era tão longo e ele já tinha realizado tudo o que pretendia da vida. Seu objetivo final era estar próximo a ela, a sua maior decisão de vida e naquela altura nada mais lhe interessava.

Naquela noite, por volta das duas horas da madrugada os anjos vieram buscar Penélope. Seu corpo parou. Não havia mais forças para seguir em frente. Poucos minutos depois a equipe médica estava reunida para decidir quem iria até o quarto de Amaro para contar para ele o ocorrido. O médico responsável pela sua internação estava de plantão e se colocou à disposição para ir conversar.

Ao entrar no quarto encontrou Amaro aparentemente dormindo. Achou estranho o seu aspecto e teve uma enorme surpresa ao notar que seus sinais vitais haviam sumido. Amaro também partira.

Todos os colaboradores do hospital souberam do ocorrido e aquela foi a notícia da noite. Um exemplo de longa união, e que manteve conexão até mesmo na hora de partir. Um caso em que a medicina não sabe explicar, mas que fica impossível não acreditar em algo que estivesse, de fato, unindo os dois.

Alguns dias depois, a família toda se reuniu na casa para uma homenagem àquele casal que foi um exemplo de duas pessoas que viveram várias vezes o mesmo ponto ágape. Amaro havia deixado uma carta com seu filho mais velho que somente poderia ser aberta na sua ausência.

O pequeno Frederico olhava profundamente aquela foto. Um retrato em preto e branco de seus bisavós abraçados em um banco de praça. Vovô Amaro e vovó Penélope eram uma referência de amor para toda família. Seus filhos e netos deles brincavam que buscavam viver um amor tão bonito como eles haviam vivido.

Então todos se sentaram naquela grande sala onde todos conviveram por tantos anos, e o irmão mais velho começou a leitura:

"Filhos, netos e bisnetos,

Se estão lendo esta carta é porque já parti. Independentemente de como tenha sido os últimos dias quero dizer a todos que foi um prazer viver com vocês. Isso tudo não passa de uma grande viagem que foi fantástica para mim. Entre acertos e erros, vivi a vida que realmente queria ter vivido. A Penélope foi o grande amor da minha vida. Minha maior escolha e com ela me tornei um homem muito melhor. Meus filhos foram meus maiores presentes de Deus e por meio deles tive outras famílias que foram se formando e se somando a mim. Meu muito obrigado a todos vocês. Tenho a convicção da fé de que, de alguma forma, permaneceremos conectados. Não tenham pressa de me encontrar. Vivam a vida em toda a sua beleza e logo ali estaremos juntos novamente.

Meu corpo morreu, mas estarei sempre vivo entre vocês.

Um beijo em cada um, sempre com muito amor.

Amaro"

E assim se encerrava uma história de vida repleta de pontos ágapes. Amaro vivera o suficiente para aprender que esses pontos pertencem a toda jornada, mas que cabe a nós mesmos decidir por vivê-los.

O amor pela sua esposa e depois pela sua família era para ele um enorme ponto ágape. Um ponto de inspiração e referência, pois toda vez que o amor prevalece, outras pessoas também amorosas se inspiram.

Seus filhos e netos, mesmo com muita dor, estavam também felizes por uma jornada vivida em sua plenitude.

Um ciclo se encerrava, mas o amor era o maior legado. Amaro e Penélope ficaram vivos até o último ponto ágape possível.

Observação comentada

Este capítulo traz toda a emoção do amor de longa data e do amor pela família. Um exemplo de ponto ágape que precisa ser nutrido ao longo da vida.

Não sou a favor da união eterna entre duas pessoas em prol dos filhos. Mas também sou contra este estímulo social que nos leva a logo querer trocar as relações ao invés de tentarmos resolver os conflitos.

O amor, por maior que seja, sofre e desgasta. Na prática, o amor é muito mais exercício do que poesia. Mas isso não significa dor ou sofrimento, e, sim, dedicação. Amaro pôde reconhecer que passar por todas as crises que passaram juntos lhes tornaram mais fortes e no fim da vida estava feliz por saber que valeu a pena. Esta é uma dedicação entre duas pessoas que muita gente tem vontade de viver, mas poucos estão dispostos a suportar os momentos difíceis que aparecem pelo caminho.

Da mesma forma, o capítulo deixa clara a importância da família para Amaro. Ter os filhos, netos e bisnetos por perto era uma recompensa por tudo o que ele havia feito ao longo da vida.

Lembro de receber uma cliente que queria justamente trabalhar a amorosidade por seu marido e sua família. Ela se sentia mais distante deles e sabia que dependia dela mesma melhorar a relação. À primeira vista, há sempre uma reflexão sobre o fato de ser possível ou não trabalhar as questões de amor e afeto. E são. Hoje acredito que tudo é possível. Tudo depende do real interesse da pessoa por aquela busca.

Acredito que somos todos pessoas dispostas a encontrar novos pontos ágapes. Entendo que realmente nascemos com a facilidade por reconhecer e viver um ponto de amor, mas a vida nos leva a diminuir ou até mesmo negar esses momentos. Com o passar dos anos, essas percepções ficam pelo caminho e deixamos de usufruir justamente a parte que mais dá sentido a tudo o que fazemos neste plano.

Essa cliente em específico precisava apenas voltar a se conectar com as questões de afeto dentro de si; entender que a vida havia endurecido com ela e que se proteger contra emoções afetivas tinha sido a sua estratégia durante anos, mas agora existia outro caminho possível.

A espontaneidade é sempre fim do processo de aprendizado, nunca início. As questões de amor costumam ter valor em nossas avaliações apenas se forem espontâneas. Mas é importante lembrar que não podemos ser espontâneos com algo que não aprendemos.

Muitas vezes, essa abordagem é confundida com falsidade e, no meu ponto de vista, a falsidade ocorre quando desenvolvemos uma atitude apenas por interesse, sem um desejo genuíno por aquela atitude. Nesse caso forçamos um jeito que não temos em nós mesmos para ter algum ganho.

Porém, uma vez desejado, o desenvolvimento de algo não aprendido é exercício. E amor tem esse caminho. Para viver uma linda história de amor também é necessário na nossa parte e nas nossas atitudes. Muitos casais sabem que tipo de parceiro gostariam de ter, mas não sabem responder que tipo de parceiro gostariam de ser.

Amaro e Penélope usufruíram da beleza do amor que os transformou ao longo da vida, unindo os propósitos ao redor da família.

Desejar viver e reviver um ponto ágape com um(a) parceiro(a) é uma escolha profunda que exige atitudes fora do comum. Aliás, amores reais, profundos e longos, dentro de relações condicionais, são sempre fora do comum e para querer viver isso é importante refletir o que estamos tendo de atitudes fora do comum. Agir como todo mundo age não dá nenhuma garantia de que usufruiremos de algo que poucos usufruem. A linha precisa ser direta e proporcional.

Já o amor pela família é diferente, pois não chega a ser uma escolha por alguém em comparação a outras pessoas. O amor pela família tem uma relação maior com propósito de vida e o desejo de um legado maior. Por isso, penso que o amor pela família seja o maior de todos os pontos ágapes externos que podemos ter ao longo da vida.

Assim como Amaro, acredito na força que este ponto gera por toda a vida, suportando os dilemas, os fracassos e as frustrações que inevitavelmente a vida trará.

Use este espaço vazio para refletir seu momento de vida

Use este espaço vazio para refletir seu momento de vida

Capítulo 8

Acima de mim

De repente, uma visão. Ela via o próprio corpo deitado na cama de um hospital. Seu olhar era de cima. Assustou-se ao perceber que seu corpo estava ligado a inúmeras máquinas. A sala estava fazia e o único barulho que escutava era seu batimento cardíaco monitorado e um equipamento que inflava para lhe ajudar a respirar. A tensão de ver seu próprio corpo era alta. Ela refletia se estava viva. As máquinas sinalizavam que seu corpo estava vivo. Mas ela não sabia se era apenas uma visão, ou um sinal de que ela já estava a caminho da sua morte.

Máscaras de oxigênio caíram sobra a cabeça da Nadine. Ela, uma canadense com quarenta e seis anos, estava viajando de sua cidade, Winnipeg, para Toronto. Ela era uma especialista em arte moderna e ia participar de um concurso como jurada.

O avião em que ela se encontrava estava em forte turbulência e o piloto comunicou que fariam um pouso forçado, de emergência. Nadine se deu conta de que nessa hora não costuma existir ateu. Alguns passageiros estavam enjoados, outros rezando, outros gritando. Ela preferiu ficar quieta e se comunicar com seus próprios protetores, como sempre fez quando precisou de ajuda.

Em poucos minutos, o avião tocava o solo em uma área plana no meio do verde. O barulho foi assustador. Os gritos se elevaram. Nadine fechou os olhos e se entregou na mão de Deus. Naquele momento, não havia nada mais a ser feito.

Sabendo que seu voo ia atrasar, Nadine comprou uma revista na sala de embarque. Ela não tinha pressa. Decidira viajar um dia antes do previsto para ir com calma.

Na revista, encontrou uma reportagem de uma canadense que morrera em 1910 chamada Madame Brault. No texto, uma jornalista comentava pesquisas recentes que fizera sobre a história dessa mulher que dizia poder conversar com os mortos no purgatório. Aquela matéria chamava a atenção de Nadine. Brault contava depoimentos reais que davam muita credibilidade para esse possível acesso aos mortos. Ela dizia que alguns falecidos ficavam no purgatório e estavam tristes porque suas famílias pararam de rezar e desejar que eles estivessem bem. Brault insistia no pedido que as pessoas seguissem enviando energias positivas para seus amigos e familiares que já haviam partido.

Nadine tinha dúvida sobre o relato. Ficava um pouco cética, mas ao mesmo tempo acreditava que podia ser possível e que essa tristeza dos mortos fazia sentido. Ficou pensando quando ela partisse se ela ficaria neste lugar relatado por Madame Brault ou iria para um lugar melhor.

Ela gostava de práticas de meditação e contato com a natureza. Sua cidade, Winnipeg, fica na margem inferior do rio Red, um dos seus lugares preferidos para usufruir dos momentos de silêncio. Ela também gostava muito de montanhas, e isso a levava a viajar com muita frequência, pois Winnipeg é uma cidade extremamente plana. Esse lugar onde Nadine nasceu e cresceu despertava forte influência na sua escolha por trabalhar com artes. Winnipeg é uma referência de arte e cultura e possui várias instituições de arte internacionalmente reconhecidas. E a arte despertava em Nadine essa curiosidade por entender as histórias e as intenções por trás de cada peça que ela analisava. Da mesma forma que a arte lhe instigava, por algum motivo a matéria daquela revista sobre Madame Brault também lhe instigou. Ela entrou no avião refletindo sobre essa possibilidade.

Mascaras de oxigênio.

Impacto no chão.

Uma visão de si mesma, desacordada em um hospital.

Nadine podia experimentar a total consciência do que estava acontecendo. Ela via os médicos e enfermeiros entrarem e saírem da sala. Ela sabia que ainda estava viva. Mas ela não podia fazer nada além de ver.

De repente seu pai entra no quarto. A tristeza toma conta do ambiente. Ele se aproximou da cama e começou a chorar. Ele dizia que ela não podia partir, que ele ainda precisava dela por perto. Repetiu por diversas vezes o quanto a amava. Um ponto ágape aparentemente surdo estava sendo escutado em alguma outra dimensão. Ela via, ouvia, mas não podia demonstrar nenhuma reação. Era como se estivesse tendo uma visão a partir de uma câmera no teto da sala. Não podia se mover, e ao mesmo tempo, não se conectava com seu próprio corpo.

O pai lhe acarinhou seu rosto pálido. Se despediu dela e saiu da sala. Triste. Dor.

Observando os comentários ela notou que já se encontrava naquela situação há dias. E então começou a lhe ocorrer que ela estava podendo enxergar a si mesma por algum motivo maior.

Dias e horas foram passando. Médicos entravam e saíam da sala. Amigos e familiares apareciam em tom de despedida. Muitos destes falavam coisas para ela sem saberem se ela estaria ouvindo. Mas ela estava. Uma escuta angustiada.

Ela começava a se dar conta como poucas vezes se entregou ao misterioso, àquilo que não se pode comprovar. A sua fé sempre foi por soluções dos seus problemas, mas percebia ali que faltava desenvolver a fé por coisas que o nosso plano, dito real, não compreende.

Aquela experiência era uma espécie de janela. Um espaço no tempo para refletir sobre algo maior. Nadine não sabia descrever. Porém quanto mais ela pensava sobre essa energia que nos move e nos conecta mais ela sentia um bem-estar. Ao sentir, ela percebia que seu corpo, deitado naquele hospital, reagia. Seus batimentos sofriam uma suave aceleração. Ela tinha a certeza de que não estava morta. Sua consciência naquele momento estava conectada ao seu corpo.

Nadine sempre foi do tipo "ver para crer". E muitas vezes isso realmente foi necessário para o aprendizado de sua vida. Ela não chegava a ser ateia, acreditava que existe alguma coisa, mas nunca parou para pensar o que seria essa coisa. Tinha o hábito de práticas meditativas que ela sempre utilizou como forma de acalmar a mente, mas nunca como forma de uma conexão espiritual.

Passaram dias. Ela não sabia quantos. O mesmo ângulo de visão foi novamente visualizado. Ela enxerga a si mesma, de cima. Mas dessa vez o cenário era outro. Ela se enxergou deitada na cama do quarto de infância dela, na casa dos seus pais. Sua mãe já havia falecido e seu pai estava ali presente, arrumando algumas flores na bancada ao seu lado. O corpo dela permanecia desacordado e o seu pai, enquanto arrumava, seguia conversando com ela. O tom de voz dele era muito otimista. Ele fazia questão de contar para ela o que estava ocorrendo, na crença de que ela poderia entender. Foi então que Nadine descobriu que após o acidente teve alguns problemas decorrentes do trauma cerebral. Sua vida estava praticamente vegetativa.

Sr. Garvin era um homem de muita fé e de muita espiritualidade. Ele ficou chocado ao saber que sua única filha tinha se acidentado. Ele havia perdido sua esposa há poucos anos e outra perda agora seria demais para suas emoções. Em todas as reuniões no hospital, durante a internação de Nadine, ele questionou todos os médicos envolvidos. O prognóstico era de que ela não sobreviveria os dias seguintes. Sr. Garvin orou. Agarrado à fé, conversa com a filha pedindo a ela para ter força para superar aquilo, pois ele estaria ao seu lado. O ponto ágape mistura saudade, presença e esperança.

Nadine sobreviveu. Saiu da unidade de tratamento intenso.

Começaram os prognósticos de que ela não iria nunca mais acordar. Disseram a ele que a chance de ela voltar a ter consciência e estar com ele era de um por cento. Mas Sr. Garvin sempre dizia que se havia um por cento de chance, então tinha chance. Revoltado com o ambiente descrente dos médicos envolvidos ele comentava com todos que estava interessado em encontrar um médico que estivesse disposto a escrever um novo livro e não a seguir livros que indicavam que sua filha não teria saída. Taxado como desconectado com o real, Sr. Garvin optou por levar a filha para sua casa e seguir o tratamento em um ambiente mais amoroso.

E foi assim que os dias seguiram. Eventualmente, Nadine "acordava", não no plano real, mas na sua perspectiva de visão. Ela via a imensa dedicação que seu pai lhe prestava. Ele já havia vendido alguns bens que acumulara ao longo da vida em função de tratamentos alternativos.

Na perspectiva de mera observadora, Nadine pôde constatar o ponto ágape da fé. O amor por acreditar no que não se podia comprovar. O amor na esperança do seu pai voltar a tê-la por perto. Ela sabia que precisava se esforçar para dar algum sinal a ele. Tamanho esforço precisava ser recompensado.

Naquela altura, ela já tinha clareza de que aquilo tudo estava servindo para lhe ensinar a força de algo maior.

Oito anos depois, Nadine estava em pé, comemorando seu aniversário. Sr. Garvin sentado, com um corpo já cansado e debilitado, lhe acenava. Eles sabiam que juntos haviam vencido uma doença rara. Ela hoje era estatística que comprovava que qualquer doença sempre pode ser curada. Levou tempo. Foi difícil. Mas naquela festa, toda história tinha valido a pena.

Nadine publicou um livro chamado *Acima de mim*, no qual relatava toda a experiência que viveu e o que aprendeu com essa árdua caminhada. Hoje, Nadine é uma mulher extremamente espiritualizada que dissemina uma corrente do bem por meio de um trabalho com pacientes em coma. Manteve sua carreira ligada à arte, mas tudo agora tinha um novo sentido. Aprendeu que o impossível é apenas uma questão de análise histórica e que jamais deveria ser usado como referência futura.

Tornou-se uma mulher atenta aos sinais, respeitando muito mais o ritmo natural dos processos. Entendeu pela própria jornada que para cada destino sempre há um caminho. E que todo ser humano tem o direito de escolher o destino que quer alcançar, mas quanto maior o destino, maior a caminhada.

Nadine via ao seu redor que a maioria das pessoas queriam algum ponto de chegada, mas não queriam partir, não queriam caminhar. Mas para ela, a graça não estava mais em cada ponto de destino alcançado, mas, sim, na própria jornada a ser realizada. Naquele aniversário ela muito mais comemorava a mulher que havia se tornado nestes últimos oito anos do que aquele dia em si. Lembrava com frequência de uma frase que seu pai lhe disse durante todo o tratamento: "Quem você está se tornando é maior do que seus problemas". E fez dessa frase um lema que carregava com ela a cada dificuldade que, por obviedade, a vida seguia lhe trazendo.

O ponto ágape que nasceu daquela fé do seu pai se espalhou por toda sua jornada. Os dois se conectaram de uma forma como nunca havia sido visto em todos os seus anos de vida. E o sentido de tudo aquilo era justamente poder aprender e compartilhar.

Nadine havia desenvolvido práticas de meditação para vibrar energias positivas para aqueles que já haviam partido. Ela hoje podia entender que muitas coisas são maiores do que podem ser vistas e a energia do amor é a maior cura que o homem pode produzir.

Naquele dia, Nadine celebrava o amor e a fé. No meio ao rápido discurso entre os amigos, dizia ela:

– O amor e a fé. Algo pode ser maior?

Observação comentada

A última história deste livro precisava ser sobre a fé. Quanto mais entro nesta energia, mais minha vida se transforma.

Este próprio livro surgiu de uma situação de muita conexão sem explicação real.

Eu estava questionando muito a minha forma de trabalhar. Uma espécie de reciclagem de crenças e ideais. No meu primeiro livro (*O Encantador de Pessoas*), muita coisa já havia mudado. O meu processo de atendimento individual se modificou. Hoje estou muito mais conectado com as emoções, a fé, o amor, e os aprendizados do caminho. Como eu mesmo já não estou mais lá (nesse passado em que o foco eram as metas da vida), eu também não consigo mais atuar como um profissional que apenas oriente as pessoas para realizações. Minha conexão maior atualmente é com a pessoa que nos tornamos ao longo de toda a caminhada. Meu estilo de palestra estava mudando e principalmente os *workshops*, abertos ao público ou empresariais, haviam tomado um outro formato. A busca por um acesso profundo àquilo que realmente importa na vida de cada um se tornou minha maior inspiração.

Porém, devido à agenda ocupada de palestras, eu estava pensando na possibilidade de encerrar os *workshops* abertos de imersão que já realizo há anos. Estava praticamente decidido a transformar a turma que já estava agendada na última turma, pelo menos temporariamente. Simultaneamente a isso, me vinham questionamentos internos relevantes sobre expressar ou não todas as minhas crenças a respeito de fé, conexão espiritual, destino, missão e outras questões semelhantes.

Foi então que realizei aquela que seria a última turma do *workshop* vivencial. Surpreendentemente, a turma teve questões que nunca havia vivido em nenhuma outra. A cada turma sempre utilizo uma máxima espiritual que define quatro questões: 1) Veio quem tinha que vir. 2) Quando começar começou. 3) Acontecerá o que tiver que acontecer. 4) Quando terminar terminou.

E a turma me surpreendeu. O grau de conexão entre as pessoas e o sentido que a história de cada uma delas, até então desconhecidas, tinha eram impressionantes. Somente quem estava lá conseguia perceber a grandeza do que foi vivido. Eu sempre gostei dessa vivência em grupo. É comum acontecerem desfechos emocionantes e fatos marcantes durante o processo de imersão, visto que se trata de uma entrega com, no máximo, quinze participantes. Mas, para mim, que tenho experiência com outras turmas e, por isso, posso estabelecer uma comparação, aquela era muito diferente. Algo espiritual estava sendo tocado em toda turma de uma forma mais profunda do que o costume. Alguns sinais e conexões difíceis de explicar respondiam meus questionamentos que antecediam aquele *workshop*. Para mim, estava claro que era necessário seguir em frente e que eu precisava expor tudo o que eu pensava para, de alguma forma, ajudar a encontrar um sentido maior, coletivamente.

Na segunda e última noite de imersão, como de costume, foi ao meu quarto para minhas práticas de silêncio e concentração. Na manhã seguinte, realizei uma rodada de *feedback* individual e naquela noite eu repassaria mentalmente todos os participantes para uma conclusão individual. Fui tomado por uma emoção enorme que até hoje não pude explicar. Chorava ao mesmo tempo em que me empolgava.

Desde que vendi minha empresa há anos para me dedicar exclusivamente ao trabalho com pessoas, educação emocional, níveis de consciência e de mudança, adotei o Deus Shiva como meu protetor. Carrego ele comigo na minha pasta, tenho na minha cabeceira e no meu escritório. Além disso, levo comigo um amuleto de Shiva para todos os *workshops* e deixo lá, discretamente (praticamente ninguém vê), como uma espécie de guardião do espaço que será nutrido.

Shiva é conhecido como Deus destruidor, no sentido de que permite a construção de algo novo (renovador). Algo que precisa ser destruído para ser reconstruído. Conceito que tem total sinergia com meu trabalho.

O elemento fogo está altamente associado com Shiva pela ideia de que nada que passe pelo fogo permanece igual. E é com Shiva que me "comunico" diariamente. Todos os dias largo meu anel, dado pela minha esposa, com o nome do meu filho gravado internamente, e com as palavras "força", "honra", "coragem" e "determinação" gravadas externamente, apoiado em Shiva no formato de dança, denominada Nataraja. Agradeço o dia que tive. Quando acordo, retiro o mesmo anel e peço que ilumine meu dia, minhas palavras e minhas atitudes.

Shiva Nataraja é uma representação dele dançando dentro de um círculo de fogo – mesmo com todo movimento em sua volta, permanece em um estado contemplativo e concentrado. É a minha imagem de Shiva favorito. Nessa imagem, com quatro mãos, Shiva carrega um tambor em forma de ampulheta, que dá ritmo às mudanças; em outra a própria chama; na terceira uma imagem de meditação; e a quarta se apoia na própria perna. Shiva pisa em um anão, que representa a ignorância interior.

Naquela noite, que antecedia o fim do *workshop*, fiquei incomodado que naquela noite, um dos participantes, não tinha ainda me passado algo profundo para ser trabalhado no processo de feedback da manhã seguinte *feedback* da manhã seguinte. Pedi a Shiva algum sinal que me ajudasse. Na manhã seguinte, recebi uma mensagem no meu celular de um amigo em comum, com grande índice de mediunidade, dizendo que naquela noite a avó daquele participante, já falecida, havia enviado uma mensagem dizendo que estava muito bem.

Nunca acreditei em coincidências e, de fato, aquela turma estava elevando minhas referências espirituais. A rodada de *feedbacks* individuais é um momento muito emocionante nessa vivência de imersão. O choro costuma tomar conta daquela sala já ancorada por toda energia dos dois dias anteriores. E com muita frequência recebo o retorno das pessoas com quem falei coisas profundas demais, que nem mesmo estavam conscientes e que foi a parte mais transformadora de todas as quarentas horas que passamos juntos. Mas nesta turma, pela primeira vez, resolvi publicamente dizer que acredito em algo maior. Algumas partes da minha fala surgiram apenas naquele momento. Não foram treinadas. Não foram pensadas. Surgiram naquele instante. Não tenho nenhuma consciência de alguém me dizendo algo, mas ficou uma sensação de que existe, sim, algo maior e que estou ali como um instrumento de conexão.

Essa turma me fez ir mais longe; me tocou; me emocionou. Tivemos um final surpreendente e os participantes formaram elos (não entre todos, mas entre uma grande parte) significativos, mantendo contato pelos meses seguintes.

Tive a clareza de que essa vivência precisava seguir. Motivei a mim mesmo para retomar um antigo projeto de um *workshop* muito mais espiritualizado e que, por questões óbvias, convidei essa última turma para estar presente.

Naquelas semanas que seguiram, eu tive a sensação de que realmente algo mais profundo estava acontecendo internamente e então decidi escrever este livro. Decidi que era o momento de escrever uma obra que retratasse tudo o que eu penso, que expusesse minhas crenças, hábitos e conexões. E foi o livro com o qual mais me empolguei em escrever. Qualquer momento livre que eu tivesse, abria o computador e saia a escrever. Não travei em nenhum minuto. O livro fluiu como eu mesmo nunca tinha vivido ao escrever algum texto.

Neste último capítulo, Nadine é a representação de uma visão maior. Quis criar uma personagem com algo místico, movido pela fé. Para mim, já era um antigo desejo escrever um livro sobre o amor, mas depois destas vivências me interessava ainda mais falar do amor pelo espiritual, independentemente de religião.

Como todas as outras, a história de Nadine e Garvin foi inspirada em fatos reais que me rodeiam. Por isso tenho a clareza do quanto o amor e a fé modificam qualquer prognóstico de algo físico.

Aceitarmos o momento presente é algo muitas vezes difícil e, aparentemente, desconectado com a possibilidade de sermos pessoas mais felizes. Aceitar que somos ou estamos distraídos, preguiçosos, medrosos, confusos não é algo que pareça estar associado com nossa felicidade. Porém, por meio de práticas meditativas, buscamos justamente aceitar os fatos, nem que seja apenas por aquele momento. Se estamos com alguma dor, o primeiro passo para estarmos em paz é aceitarmos que temos essa dor. A consciência é algo que acalma. A questão posterior é como se manter em paz – aí passa pela solução da dor e de ações em si. Mas o passo primário tem total ligação com aceitação.

Não me refiro a isso como uma questão de acomodação, mas de aceitação. Aceito que estou mal e farei algo para mudar. Essa aceitação é necessária. Nadine precisou aceitar que estava em coma, doente e necessitando de cuidados. Seu pai aceitou que sua filha estava naquela condição e então escolheu se dedicar à sua cura.

Dentro dos conceitos budistas, há uma afirmação de que nosso caminho apenas é realizado ao ser caminhado. Parece óbvio, mas esse conceito acaba com a expressão "encontre seu caminho", que neste caso deveria ser substituído por "faça o seu caminho". E para este fazer, existem alguns princípios espirituais necessários.

Aceitarmos a impermanência, romper a ideia de eternidade e aceitar que nada permanece o mesmo – tudo é fluxo transitório. Entendendo isso, tendemos a ficar menos ansiosos. Quando estamos por baixo não devemos pensar que nunca mais voltaremos a subir. Quando estamos por cima não devemos pensar que nunca mais voltaremos a cair. O que temos, portanto, é apenas o presente, com a consciência da impermanência.

Dessa forma, uma excelente busca que tenho me permitido na minha vida íntima é a busca pelo ponto ágape na impermanência. Amar o que se é e o que se tem aceitando que tudo pode e tudo deverá mudar.

Use este espaço vazio para refletir seu momento de vida

Use este espaço vazio para refletir seu momento de vida

Use este espaço vazio para refletir seu momento de vida

Conclusão

A onda ágape

Espero que você, leitor, tenha vivido, parcialmente, a energia que o ponto ágape desperta em cada um de nós. Não exatamente por aquilo que você leu, mas por aquilo que lhe tocou e lhe fez conectar com a sua própria história de vida.

O ponto ágape é um ponto de desequilíbrio que muda toda a rota da vida. Um momento em que, tomados pelo sentimento do amor, mudamos nossos pontos de vista e nossas atitudes em busca de algo melhor. Esse desequilíbrio pode ocorrer por momentos de tristeza, de raiva, de muita consciência, de muita inspiração ou até mesmo de muito amor. Um ágape que gera outro ágape.

O que importa é o impacto deste conceito na sua vida.

O que aprendi ao longo dos últimos anos é que o amor neutraliza os momentos difíceis que todos passamos e gera um sentido amplo da vida.

Em dois momentos distintos na minha carreira pude trabalhar com clientes em risco terminal e também com pessoas idosas. O que caracterizou esses dois públicos em comum é que ambos estavam conscientes diante da morte.

Ao conversar com esses dois grupos percebi que os fracassos viram memória e as desistências viram dores inesquecíveis. E as maiores e mais doloridas desistências que pude escutar sempre tiveram relação com o amor: deixar de viver uma vida mais amorosa; deixar de declarar o amor para as pessoas que amavam; desistir de conviver mais com essas mesmas pessoas que representavam o amor. Tudo isso gera dor. Uma espécie de ponto ágape que cruza na nossa frente, mas por algum motivo preferimos não acessá-lo.

Desejo que este livro possa ser um ponto de luz e inspiração para acessar seus próximos pontos ágape e que juntos possamos entrar nesta corrente do bem. Ao disseminarmos esses pontos de amor jamais controlaremos aonde vão parar. Uma pessoa contagiada pelo amor contagia outras tantas pelo caminho. Assim, vamos criando não somente um ponto, mas uma onda ágape.

Escrever este livro foi diferente de todos os outros. É o maior livro que já escrevi e o fiz em um tempo muito menor. Da primeira linha até aqui não chegou a sessenta dias. Mas uma coisa é o tempo que levei para escrever. Outra coisa é o tempo que ele levou para ficar pronto. E nesse segundo aspecto, este livro levou anos para ser desenvolvido. Com certeza mais de dez anos. Consegui colocar nessas oito histórias diversos aspectos, pontos de vista e estímulos para ações em prol da uma vida melhor.

Este livro foi para mim um ponto ágape. O amor por esta consciência. O amor por espalhar estas ideias. O amor pelas minhas próprias histórias que se confundiram ao longo dos capítulos. Um ponto ágape intenso que realmente espero que tenha tido o mesmo impacto para você que está lendo.

Todas essas histórias não são tão fictícias. Não vivi nenhuma delas em específico, mas estou um pouco em cada um desses personagens, e o enredo de cada uma delas é inspirado em algo que ocorreu na minha vida.

Existe uma enorme diferença entre escrever um livro e ser escritor. Somente agora, ao terminar o *Ponto Ágape* eu descobri essa diferença. Diversos sinais, *insights* e coincidências que ocorreram enquanto eu escrevia poderiam parecer loucura para os leitores. Entretanto, sinto-me na obrigação, como escritor, de expressar essas crenças ao longo destas páginas. Hoje me sinto uma pessoa muito mais espiritualizada, com muito mais fé nos meus ideais e tentei colocar neste livro estas questões de uma forma sutil, sem considera-las uma verdade absoluta, mas apenas mais uma verdade para ser refletida.

A expressão criada nesta temática – ponto ágape – é apenas uma forma de ilustrar essas questões que não sabemos explicar, mas sentimos ao longo da vida. Fico triste quando vejo pessoas que não cruzam este ponto há anos em suas vidas. Uma vez impactado pelo ponto ágape, reconhecemos o que foi modificado internamente, mas não sabemos o que será modificado externamente. Apenas temos a fé de algo melhor.

Em todos esses anos, nunca vi uma pessoa tomar uma decisão por amor e chegar em algum lugar ruim.

Que possamos ser nós mesmos a mudança que queremos ver à nossa volta. Um ponto que gera uma onda.

Ponto ágape e que tudo venha depois. Ponto final.

Use este espaço vazio para refletir seu momento de vida

CONHEÇA OUTRAS OBRAS DO AUTOR:

O ENCANTADOR DE PESSOAS

Autor: Gabriel Carneiro Costa
ISBN: 9788582110454
Número de páginas: 208
Formato: 14x21

À SOMBRA DA CEREJEIRA

Autor: Gabriel Carneiro Costa
ISBN: 9788582110683
Número de páginas: 136
Formato: 14x21

Conheça as nossas mídias

www.twitter.com/integrare_edit
www.integrareeditora.com.br/blog
www.facebook.com/integrare
www.instagram.com/integrareeditora

www.integrareeditora.com.br